東大式！
クイズでわかる
地　理

芝田和樹

はじめに

本書をお手に取っていただきありがとうございます。

この本は、大学受験の地理でよく出る問題や混同しやすい内容をクイズに仕上げたものです。

大学受験の地理は、クイズ番組などで地理として紹介される問題や、日本史・世界史と比べても、純粋な暗記による知識が貢献する度合いは小さい傾向にあります。因果関係を知ったり、記述問題では多様な原因を捨象せずに取捨選択したりすることが求められます。だからこそ、用語集を使った一対一対応の勉強には限界があり、クイズが好きな人や暗記を得意とする人にとっては逆に苦手意識があるかもしれません。

本書は、そんな科目をあえてクイズに仕立てることで、クイズと受験地理の相乗効果を狙う試みです。

クイズでよく出る内容を地理の観点のもとで再構築し、背景知識、地理的な重要性、他学問との関連についての記述を解説に盛り込むことで、「流れ」を理解できるように工夫しました。これらは論述の際の「肉付け」にあたる情報であり、字数節約に必要な語彙の紹介もあわせて、選択問題だけでなく論述問題にも対応できるようにしました。

また、受験に頻出するが、クイズにはあまり出ない内容を取り上げており、皆さんの知識の裾野を広げることでしょう。さらに、地理で学ぶことは最近の学生クイズ界で人気の「短文基本クイズ」と特に相性が良いと考えます。資源・エネルギー問題、環境問題、経済格差など、どちらの分野にも頻出する近年の諸課題を多く盛り込みました。

クイズプレイヤーであれ、学生であれ、一般の方であれ、地理の成績を伸ばしたい、あるいは教養を身につけたいという皆さんの要望に、本書が応えられたら幸いです。

目次

01 地図

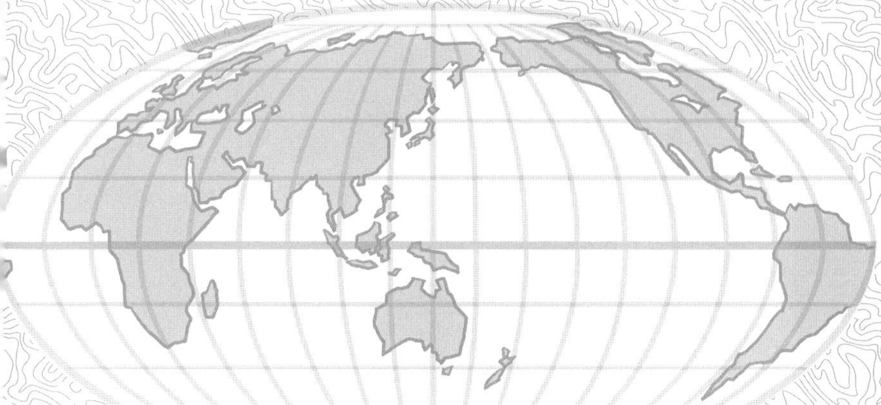

問001

緯度40度44分を境にして低緯度側をサンソン図法で、高緯度側をモルワイデ図法で描いた、地図投影法の一つは何でしょう？

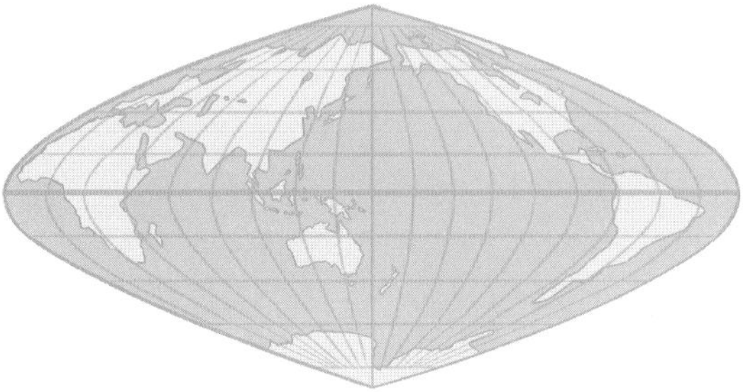

サンソン図法

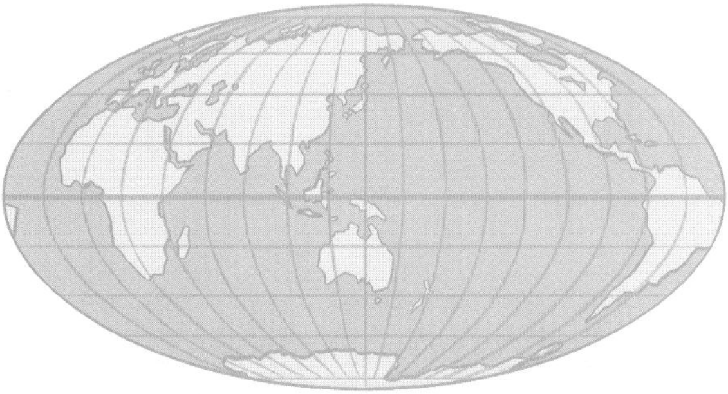

モルワイデ図法

問002

正角図法であるため海図によく使われる、緯線と経線が直交し、その間隔が一定の割合で増加する図法を何というでしょう？

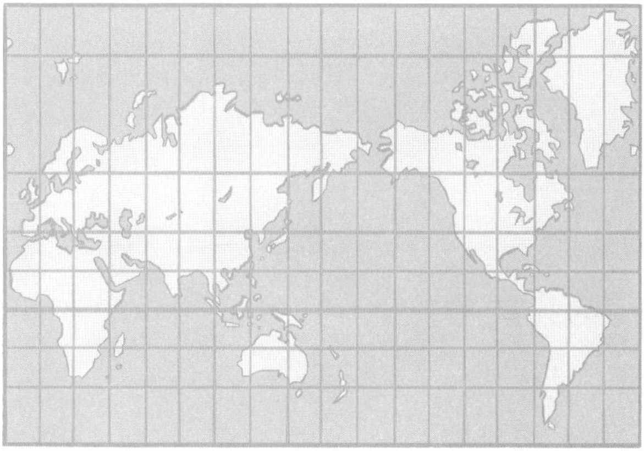

正角図法

答001

グード図法

解説

グード図法は、サンソン図法とモルワイデ図法、両方の利点を生かし、全体として地形のゆがみが小さいのが特徴です。なぜ40度44分なのかというと、どちらも正積図法である両図法を同じ縮尺になるように組み合わせたとき、緯線の長さが同じになる緯度だからです。
同様に、海洋が連続するように陸地を断裂した地図は、海洋学者の名前から「スベルドロップの海洋図」ともよばれますが、これもあくまでグード図法の地図です。

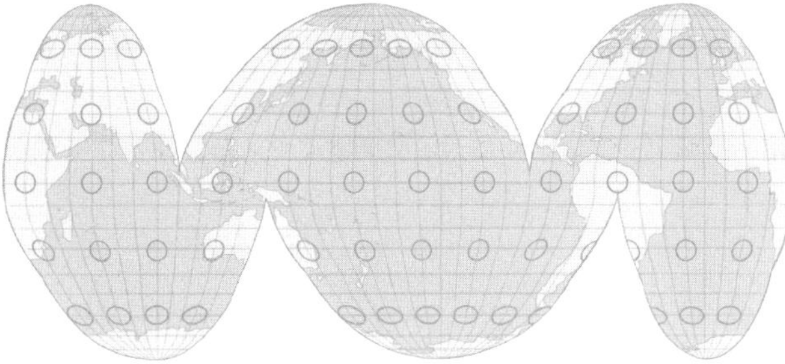

陸地を断裂させたグード図法の地図

答002

メルカトル図法

解説

メルカトル図法のもとになったのが心射円筒図法です。この図法は、赤道を含み、かつ赤道面に垂直な平面の集まりである円筒形の曲面を仮想し、そこに地球の中心から光を当て、円筒面に映った影を見る図法です。言葉だけだとイメージしづらいかもしれませんが、カラフルな紙風船（昭和風のおもちゃ屋で売っているかもしれません）の中心に電球を入れて、模様を壁に投影するとわかりやすいと思います。

メルカトル図法は、高緯度地域が極端に縦に引き延ばされて見えないよう心射円筒図法を改良したものです。しかし、この図法では南極と北極が地図に収まらないほか、心射円筒図法と同じように緯度が上がるにつれて南北・東西とも拡張される、グリーンランドが南アメリカ大陸とほぼ同じ面積に見える、ロシアの面積は中国の約2倍だがもっと大きいように見える、ヨーロッパの国々が南・東南アジアの国々に対して大きく見える、などの特徴があります。

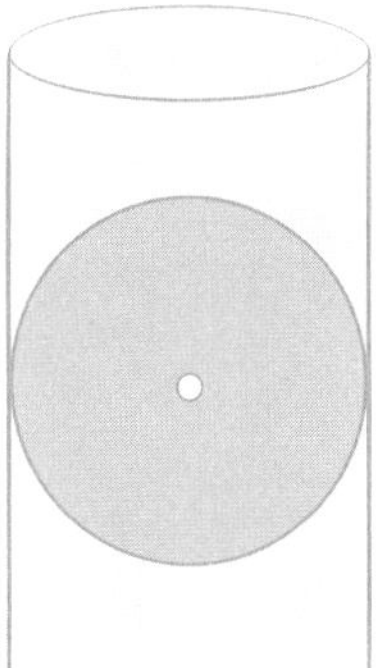

心射円筒図法の模式図

問003

投影点を地球の反対側の赤道上にしたことで極地域も表現できるようになった、メルカトル図法をさらに改良した図法は何でしょう？

問004

国際連合のマークには、北極を中心として南緯60度までの地図が使用されていますが、この地図に用いられている中心点からの長さと向きが正確にわかる図法は何でしょう？

統計数値を階級に分け、それぞれの階級で違った色や模様を使って表した主題図で、色を塗る領域の面積によって印象が変わるため、人口などの絶対量を表すのには向いていないものを何というでしょう？

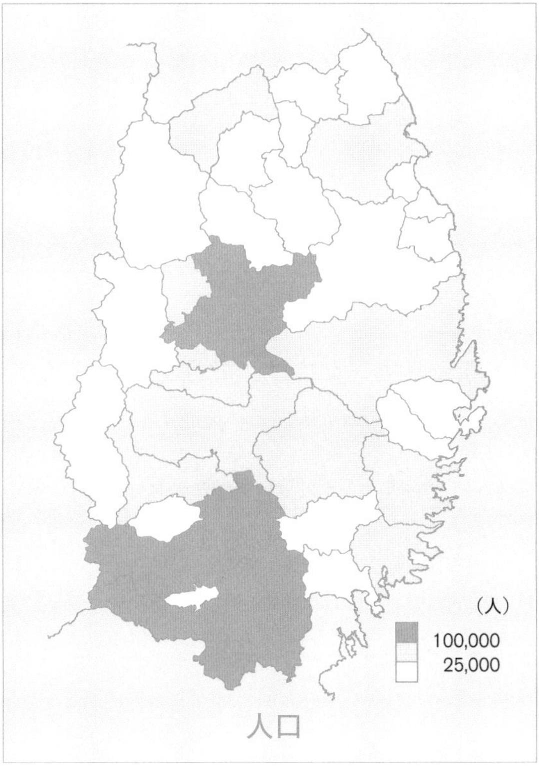

答003

ミラー図法

解説

ミラー図法は、メルカトル図法の高緯度部分が南北に圧縮されるので、面積は正積ではないものの、実際のものに近い半面、正角図法ではなくなります。このように正性質がない図法でも、見やすければ幅広く用いられることがあります。なお、入試問題に使われる地理院地図は、ユニバーサル横メルカトル図法という図法で作られています。これは円筒形の投影面を横に（経線と垂直になるように）設定することで、基準経線の近くなら緯度にかかわらず面積のずれと形のゆがみが起こらないようにしたものです。

答004

正距方位図法

解説

正距方位図法は正積方位図法と名前も見た目も似ていますが、この2つの違いは明確なものです。球の表面をある1点を中心にした円の上に広げると、円の中心から遠ざかれば遠ざかるほど充填《じゅうてん》しなければならない空白が増えてきます。そこで、正距方位図法では外縁部の地形は中心から遠くなるにつれて実際より大きく描かれ、正積方位図法では放射軸上にひしゃげた形に描かれます。

この2つの図法は、ミカンの皮をヘタを中心に剥《む》いたような形をしています。それを円形に整えるのに、皮の各部分を横に延ばしたのが正距方位図法、ヘタの方向に圧縮したのが正積方位図法、とも言えます。

答005

階級区分図（コロプレスマップ）

解説

統計地図は多くの種類がありますが、大きく絶対分布図と相対分布図に分かれます。絶対分布図は実際の量の分布と絶対量を表すのに使い、相対分布図は領域どうしの相対的な比較をするのに使います。相対分布図の作成には考慮すべき条件も多いうえ（違いをわかりやすくする、色の区分を直感に反しないようにするなど）、階級区分図では色に分けた統計量が面積で重み付けされるように見えるので、それを踏まえて面積あたりの量や割合を示すのに使うことが多いです。

主題図作成でよく起こるミスとしては、図形表現図で2次元の円として表すべきところを、その円に光沢をつけたことで3次元の球として描いてしまうことです。主題図は空間（メッシュマップなら連続的な座標空間、階級区分図なら市町村コードで管理された自治体の領域、図形表現図なら座標空間上の離散的な代表点）と統計量の関係を一目でわかりやすく伝えてくれるというメリットがある半面、慣れていないと事実に反するものとしてその情報を発信・受信してしまうことがあるのです。

MEMO

02

都市

静岡県大井川沿いの金《かな》谷《や》と島田が代表的な、河川の両岸に向かい合って形成された都市のことを何というでしょう？

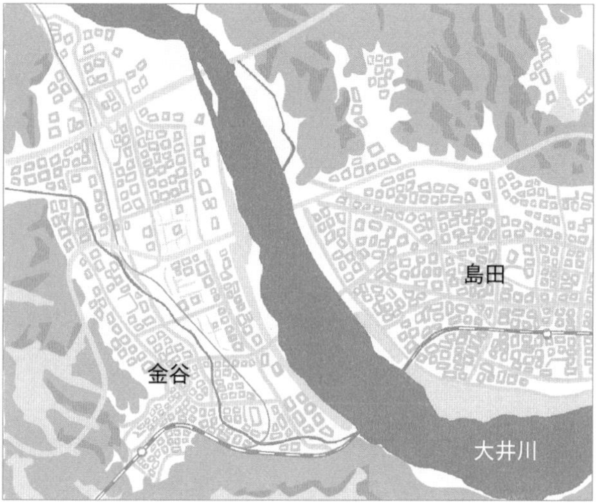

問002

イギリスの都市学者パトリック・ゲデスが提唱した、市街地の拡大によってもともと別の都市が同一の圏域を形成した都市を何というでしょう？

問003

ヨーロッパの「ブルーバナナ」、アメリカ東海岸の「ボスウォッシュ」、日本の「太平洋」などが有名な、高速交通や通信網で結ばれた複数の都市からなる帯状の地域を何というでしょう？

答001

双子都市

解説

都市の立地条件にはさまざまなものがありますが、「交通の要衝《ようしょう》」が最も重要な条件と言えるでしょう。何の交通と何の交通の要衝なのか、またなぜそこが要衝なのかを考えるようにしましょう。

海上交通が卓越する地域では湾奥部や海峡の両岸に、河川交通が卓越する地域では河口や合流点に多くの都市が立地しています。

では、陸上交通にとって重要なところはどこかというと、川を渡る場所です。特に河川の流量変化（＝河況係数）が大きい日本では、川が増水した際には何日も足止めされることになるため、宿場にはそれに対応するだけの宿泊設備が必要でした。このようにして発達した日本の宿場町には、島田と金谷のほかにも、日光街道の栗橋《くりはし》（埼玉県久喜市）、東海道の川崎（神奈川県）などがあります。

世界に目を向けると、同様に発達した有名な都市にパリがあります。パリにはシテ島というセーヌ川の中洲《なかす》があり、古代ローマ軍がオランダへ向かう道の渡河点として選ばれました。必ずしも陸上交通との交差点でなくても、ミシシッピ川沿いのセントポールとミネアポリス、ドナウ川沿いのブダとペスト（つまりブダペスト）のように、河川両岸に発達した都市は数多くあります。

答002

コナベーション

解説

カタカナで書くとわかりにくいものの、英語conurbationはずばり「ともに都市化したもの」という意味で、名が体を表すものになっています。たとえば、ともに鉄鋼業のエッセンとドルトムントや、自動車工業のシュトゥットガルトが個別に発展し一体となって拡大したルール工業地域や、宿場町の八王子、港町の横浜など成因の異なる都市群を広く包摂した日本の首都圏があげられます。これに似た話については、第3章の問21（P.60）も参照してください。

答003

メガロポリス

解説

これはフランスの地理学者ジャン・ゴットマンが提唱した概念で、コナベーションの提唱者（問2）との区別はクイズに頻出します。メガロポリスの様子は、夜間の航空写真を見るとよくわかります。その地域だけが煌々《こうこう》と輝いているため、ほかの地域との違いは明白です。

なお、名前が似ているメトロポリスは単独の巨大都市のことを指します。東京都の公式英語表記も、Tokyo Metropolisです。ここから誤解しやすいのですが、メトロポリスは必ずしも一国の首都のみを指すわけではありません。

問004

アメリカ大陸のコーンベルトや日本の砺波《となみ》平野で見られる、家屋が1戸ごとに点在する村のことを、「集村」に対して何というでしょう？

問005

日本では新田《しんでん》集落に多く見られる、短冊状の地割りで道路に面した農地しか使えないため、1戸あたりの農地面積は狭いのが特徴的な集村の形態は何でしょう？

問006

アメリカ合衆国東海岸のボルティモアやリッチモンドなど、台地から平野に川が流れ落ちるところにできた都市を何というでしょう？

問007

「びんずるさん」の像や6年に一度の御開帳が観光客を集める、長野市の中心部にある寺院は何でしょう？

答004

散村《さんそん》

解説

砺波平野は富山県西部にある扇状地《せんじょうち》型の平野です。家々には冬の北西季節風が直撃するため、カイニョという屋敷林で囲まれており、これらが、小島がたくさんあるような独特な景観を作り出しています。砺波平野と言えば山地との境界部分にはアニメ制作会社ピーエーワークスの本社があり、同平野に多くのアニメの聖地があります。ちなみに「散村」は「山村」と同じイントネーションですが、山村は単に山の中にある村のことを指します。平野部に多い散村に対して、山村は農業のほかに林業を基幹産業とすることが多いです。サンソン図法とあわせて高校地理には3つの「さんそん」があります。

答005

路村《ろそん》

解説

集村には、路村、街村《がいそん》、塊村《かいそん》、円村《えんそん》がありますが、このうち路村と街村はどちらも道に沿って家屋が並ぶため、混同しやすいです。街村は「街」のため第三次産業も集中し、都市とまでは言えないものの、宿場町であったり定期市が開かれたりして、繁栄した地域が多いです。一方、路村は開拓地域に多く、関東だと、玉川上水および神田川と並行に細長い区割りが広がる吉祥寺周辺でかつての路村の名残が見られます。江戸時代の絵図を見ると主要街道沿いには宿場町でなくても家が並んでいることが多く、その部分が路村です。1戸あたり農地面積は土地生産性と労働生産性の比でもあるので、農業の集約性を表すのに便利な指標です。たとえば水害に遭いやすい地域では、作物がだめになるリスクを考慮し、その損失をカバーして農家として自立するために、1世帯あたりの農地面積が広くなっています。

答006

滝線都市

解説

東海岸にはアパラチア山脈の東にピードモント台地があり、その台地と大西洋岸平野の境界にあるのが滝線都市です。このうちローリーとリッチモンドは現在州都として機能しています。合衆国の州都は人口最大都市にないことのほうが多く、古くから発展し植民活動の拠点となった都市に置かれる傾向にあります。滝線都市という高度に地形条件に依存した都市が州都になるのもこういった理由からです。似た概念として、谷口集落があります。これは山地から平野に河川が流れ出るところにできた集落・都市のことで、関東地方では八王子、宇都宮、青梅などが該当します。特に八王子と宇都宮はそれぞれ甲州街道と奥州・日光街道という主要な街道が通り、戦後には東京への通勤者も登場し、どちらも人口は50万人を超えています。

答007

善光寺《ぜんこうじ》

解説

同じ長野県の主要都市でも、長野市と松本市はまったく別の発展を遂げてきました。長野市は善光寺の門前町として発達し、長野駅前から善光寺までを結ぶ表参道がメインストリートとなっています。松本は城下町として形成され、城下町に特有の鉤状《かぎじょう》に曲がった街路（侵入者の見通しを悪くするため）や堀の跡と思われる城を囲む道などが見られます。

なお、門前町の中でも寺の周囲に発展した町を寺内町、神社の周囲に発展した町を鳥居前町と言います。仏教が政治権力と結びつくことも多かった戦国時代には、城下町の外縁など、防御に重要な地域に寺を集中して配置する（寺町）という都市計画がなされたこともあり、現在も三重県の伊賀上野《いがうえの》など数多くの城下町でその痕跡が見られます。

問 008

Question

アルジェのカスバやテヘランなどイスラーム圏の都市の旧市街で見られることが多い、袋小路と行き止まりが複雑に配置された街路網を何というでしょう？

問009

特に発展途上国の大都市で見られ、路上での行商や散発的なサービス業が該当する、統計に表れない経済活動を英語で何というでしょう？

問010

人工的な熱の排出に加え、建物が密集し放射冷却が少ないことが原因で起こる、都市部で局地的に気温が高くなる現象を、同心円状の等温線の様子から何というでしょう？

迷路型道路網

解説

イスラームは乾燥地で興り波及したため、都市以外あまり住める場所がないという自然条件が独自の宗教的風土を形成しました。そんな都市で防衛に重きを置くのは当然と言えます。現在は、旧市街が観光と景観保全の概念から残っているものの、植民地時代と現代に建設された新市街が都市機能の主要部を担うという都市も少なくありません。新市街は放射直交路型や放射同心円型となっているため、航空写真からでもその境界はわかりやすいものになっています。日本の城下町の多くは街路が直交型ですが、前述したような防衛上の仕掛けが数多く見られる点では迷路型の性格も帯びていると言えるでしょう。

迷路型道路網が発達しているテヘラン
強調箇所が迷路型道路

答009

インフォーマルセクター

解説

私が以前住んでいたベトナム・ホーチミン市では、屋台すら持たず天秤《てんびん》だけを持ってパンや蒸しケーキを売っている人、道行く人に靴磨きをしたがる人などが目抜き通りにたくさんいました。このように、モノだけでなくサービスを売る産業にもインフォーマルセクターに該当するものがあり、彼らはベトナム人よりもお金を持っている外国人（特に観光客）を主なターゲットにしているようです。日本を含む先進国で行商人がほとんど見られないのは、ほかに収入が高い仕事がある、無許可の商行為に対する取り締まりが厳しい、道が舗装されており自動車の交通量が多いので行商する場所がない、などの要因があります。実際、ベトナムやカンボジアでは、バイクは多くても自動車は一部の富裕層しか持っていませんでした。

答010

ヒートアイランド現象

解説

毎年夏になると猛暑の報道がされますが、東京や名古屋など大都市での気温が地方よりも高いのはこの現象によります。現に東京は日最低気温30.4℃という、全国で7番目に高い値を記録しています。なお、猛暑報道と言えば、群馬県館林《たてばやし》市、埼玉県熊谷《くまがや》市、岐阜県多治《たじ》見《み》市が有名で、40℃以上の観測記録もあります。熊谷と館林では南東季節風とフェーン現象、多治見では盆地特有の空気滞留が原因ですが、どちらも周辺の宅地化にともなうヒートアイランド現象の影響を強く受けています。これとは逆の現象で、東京の代々木公園など都市部で緑に覆われた区域で気温上昇が緩やかになる「クールアイランド現象」もあります。

問011

ドーナツ化現象に対してあんパン化現象と呼ばれることもある、都市中心部の地価が下がったことで郊外の人口が中心部に流入することを、漢字4文字で何というでしょう？

問012

2016年に廃止されてもなお国内に高齢化と人口減少の爪痕を残している、中国で実施された子どもの数を制限する政策は何でしょう？

問013

多くの子どもが生まれることをよしとする伝統的な価値観が残り、統計開始から2021年まで人口が自然増加を続けていた都道府県はどこでしょう？

答011

都心回帰

解説

ドーナツ化現象とは、高度経済成長期終了後、都心の地価が上がったため郊外の人口が都心と比べて増加した現象のことです。その後、バブル崩壊後に都心部の地価が下落すると、利便性が高い都心部に人口が再流入しました。その移住者はもともと都心に住んでいた人だけとは限らないため、回帰という言い方には疑問も残りますが、マクロでは回帰に見えるということです。

答012

一人っ子政策

解説

この政策は中国語では「独生子女」といい、これはずばり個別の人間としての一人っ子を指す単語でもあります。つまり「一人っ子」は日本語での通称だけではないということです。この政策のもとでは、黒孩《ヘイハイ》子《ズ》という二人目以降の子どもの存在が問題になりました。彼らの存在が地方政府に知られると親は罰則を科されるため、彼らは教育や医療などの基本的な公共サービスが受けられなかったのです。人口が維持される合計特殊出生率の値である人口置換水準は先進国でも2.1であり、中国ではもっと高いと考えられますが、一人っ子政策が継続すれば究極的には合計特殊出生率は1未満になるので、当然少子化を招きます。実際中国では2022年に61年ぶりに人口が減少に転じました。

答013

沖縄県

解説

日本では金銭的不安、子育ての時間的負担、価値観の変化など数多くの要因により少子化が進行していますが、そのなかでも沖縄県は例外的に出生率が高い県です。塾や参考書ではなぜそうなのかあまり説明されず、統計だけを覚えさせられることも多いと思います。その理由は「多くの子どもを持つことを望ましいとする価値観、結婚前に子どもを授かることへの寛容さ、家系継承が父系の嫡出子に限定される家族形成規範」にあるとする研究があります。要するに「イエ」の継承のために、その条件に見合った子どもを必要とする倫理が残っていたという社会・文化的背景があるのです。これは女性の生殖に関する権利の観点からは、手放しで喜べない問題です。

2020年頃には日本で唯一人口が自然増（出生数＞死亡数）でしたが、2022年の統計でその時代も終わったことが明らかになりました。現に合計特殊出生率は1.70と人口置換水準を下回っており、この先沖縄の人口構成も本土のそれに近づくことが予想されます。しかし入試問題に出てくる統計は受験時より数年前のものですし、沖縄県の高い出生率を覚えておくことは当分の間は重要であり続けるでしょう。

Question

問014

ウッタル・プラデーシュ州をはじめ人口1億人以上の州を3つ擁し、2023年夏に中国を抜き世界最大の人口を持つ国はどこでしょう？

問015

ガンジス川とブラマプトラ川の河口に位置し、水田の面積割合が多いことから1平方kmあたり1100人という高い人口密度を持つ南アジアの国はどこでしょう？

問題

ナイジェリア、エチオピアに次いでアフリカ第3の人口を持つ、キンシャサを首都とする国を正式名称で何というでしょう？

答014

インド

解説

インドの人口が1位になるという予測は10年以上前からされていましたが、その時期は2026年～2028年頃だと予想されていました。つまり予想より早くインドの人口が増加し、かつ中国の人口増加が減速したということです。その背景には問12(P.26)で説明した一人っ子政策があります。ちなみに、問題文中に示したデータは2011年の調査を基にしており、これがインド最新の国勢調査です。ずいぶん古いデータだと思うかもしれませんが、2021年に行われるはずだった調査が新型コロナウイルスの流行により延期されたためです。
統計を確認するときにはそれが最新であることだけでなく、何年のデータかを常に確認することが必要です。実際、2011年から2023年までの間にインドの人口は急増し、人口1億人以上の州は4つあると推計されています。

答015

バングラデシュ

解説

バングラデシュは国土面積の7割が耕地であり、この割合は世界最大と言われています。また、マイクロステートと呼ばれる国々を除いた人口1000万人以上の国の中では、人口密度もトップです。米は小麦と比べてカロリーも単位面積あたりの収量も大きいため、高い人口支持力を持つのですが、こういった人口密度の統計からもそれをうかがい知ることができます。

答016

コンゴ民主共和国

解説

英語での正式名称はDemocratic Republic of the Congoであり、略してDRCと呼ばれます。メモをとるときには使いやすい略称です。

隣のコンゴ共和国と間違えやすいのですが、違いはいくつかあります。一つめは面積と人口で、どちらもDRCのほうが圧倒的な大きさです。次に旧宗主国の違いがあげられます。コンゴ共和国はフランスで、首都のブラザビルもフランス語名です。

一方、コンゴ民主共和国はベルギーで、首都のキンシャサはかつてベルギー国王にちなんでレオポルドヴィルと呼ばれていました。こちらも公用語はフランス語です。

コンゴ民主共和国は、面積が広大で砂漠もないため農業と林業が盛んです。たとえば、キャッサバの生産量は世界2位となっています。またキンシャサは人口が1000万を超えており（どこまでを都市の範囲とするかによって統計の違いはありますが）、カイロ、ラゴスを抑えてアフリカ最大の都市とされることもあります。このことからも、サハラ以南のアフリカで人口増加および人口の都市化が急速に進んでいることがわかります。

余談ですが、クイズの「パラレル（ですが）問題」で聞かれることが多いブラザビルとキンシャサは、実はコンゴ川を挟んで対岸に位置しています。広義のツインシティと言えそうです。

MEMO

03 自然環境

問001

フォッサマグナの西端を形成する、新潟県から太平洋側に延びる巨大な断層帯を、中部地方にある２つの都市の名から何というでしょう？

問002

英語では「ring of fire」という、ニュージーランド、アメリカ西海岸、日本を含む新期造山帯は何でしょう？

問003

インド洋一円に甚大な津波被害を引き起こし、20万人以上の犠牲者を出した、2004年にインドネシアで発生した超巨大地震は何でしょう？

問004

中国の伝説で黄河の源流とされ、西の果ての山々を指す呼び名がつけられた、チベット高原とタリム盆地の間を東西に走る中国の山脈は何でしょう？

答001

糸魚川・静岡構造線

解説

この線の北部に沿って姫川という川が流れており、JR大糸線もこれに沿って走っています。2016年の冬に糸魚川市で大規模な火事がありましたが、これも姫川沿いの谷に沿って流れてきた強風に見舞われていたことと関係があります。
フォッサマグナとは、北米プレートとユーラシアプレートの境界付近にある凹地のことで、東の端についてはまだ議論が続いていますが、柏崎《かしわざき》千葉構造線であろうという説が有力です。

答002

環太平洋造山帯

解説

新期造山帯にはほかにアルプス・ヒマラヤ造山帯がありますが、地震も火山も環太平洋造山帯のほうが多く、世界中の火山の2／3ないし3／4が後者に位置します。環太平洋造山帯では海洋プレート（太平洋、フィリピン海、南米付近ナスカのプレート）が、大陸プレート（北アメリカ、ユーラシア、南アメリカ、インド・オーストラリアのプレート）の下に沈み込む一方、アルプス・ヒマラヤ造山帯は大陸プレート同士が衝突していることが大きな違いです。
沈み込み帯では海洋からの水和物の供給と高い圧力により海洋プレートの岩石が溶け、マグマとなって地上に上がってくるため火山ができやすいのです。後者では一方がもう一方の下に潜ることがなく、互いの地盤を押し上げて褶曲《しゅうきょく》山脈が形成されます。そうなると火山はできず、現にヒマラヤ山脈とイランのザグロス山脈に火山はありません。

答003

スマトラ島沖地震

解説

環太平洋造山帯とアルプス・ヒマラヤ造山帯が交差する地点にあるインドネシアでは、トバ火山やタンボラ火山で、地球史に残る巨大噴火がいくつも起こっているほか、スマトラ沖島地震のようなマグニチュード8以上の巨大地震も日本以上に頻発しています。さらにこの地震は、東日本大震災を起こした東北地方太平洋沖地震と多くの点で異なっています。有人島がほとんどハワイしかない太平洋北部と比べ、スリランカなど複数の島国を抱えるインド洋が津波に襲われたこと、沿岸国の国土が低平で避難する場所がないこと、沿岸国の付近で地震が少なかったため被災経験に乏しかったこと、そもそもインド洋は太平洋より小さいので対岸まで強い威力の津波が襲ったこと、などです。この地震で津波襲来の情報共有が円滑に進まなかったことで、一般人による動画の発信が重要視され、YouTube設立のきっかけとなりました。

答004

クンルン（崑崙）山脈

解説

中国のチベット自治区と青海《せいかい》省、新疆《しんきょう》ウイグル自治区の地名は、少数民族の言語由来のものが多く、漢字表記も明らかに漢族文化圏と印象が異なりますが、崑崙は漢語由来で、その規模がうかがえます。チベット高原の平均標高は4000mでほぼ全域がツンドラ気候のため、気候別主題図を見るとすぐにわかります。タリム盆地は標高500m以下と高低差が激しく、ほぼ全域がタクラマカン砂漠です。このあたりはプレート境界上にあるわけでもなく、分類上は古期造山帯なのですが、インド・オーストラリアプレートの北上によって水平に押す力が伝わり、再び隆起しました。このような山脈を復活山脈といいます。タリム盆地の北の端にあるテンシャン（天山）山脈が古期造山帯なのに7000m超えの高さを誇り「世界の屋根」と呼ばれるのも、それが復活山脈だからです。

日本では伊豆《いず》半島の一碧湖《いっぺきこ》や男鹿《おが》半島の一ノ目潟・二ノ目潟が有名な、激しい水蒸気爆発により円形の火口を形成する火山を何というでしょう？

伊豆半島・一碧湖

男鹿半島・二ノ目潟

問006

西アジアで主に見られ、油田のトラップ形式としても知られる、ある軸から遠ざかるに従って層理面が下がっていく形の褶曲《しゅうきょく》を何というでしょう？

問007

世界の大陸のうち、標高200m未満の低地が面積の10%以下であり、全体が台地状の地形をしているのはどこでしょう？

マール

解説

火山の噴火で陥没した地形はカルデラが有名ですが、これとマールは似て非なるものです。まずカルデラは山が崩れたものであるため、外輪山を持ち、陥没後の火山活動により中央部には火口丘が形成されます。また、外輪山・火口丘ともに複数の噴火の堆積物が積み重なっているため、真円とは遠い複雑な形をしていることも多くあります。熊本県の阿蘇《あそ》カルデラや北海道の摩周《ましゅう》カルデラの形を思い出していただければわかりやすいでしょう。
一方マールは、地中を上昇してきたマグマが地下水の層にさしかかったとき、地下水が急に熱せられて気化し、その衝撃で上の土砂が吹き飛ばされてできます。1回の爆発で形成される単成火山であるため形は真円に近く、噴出物は広範囲に飛んでいくので周囲に目立った丘がないことが特徴です。

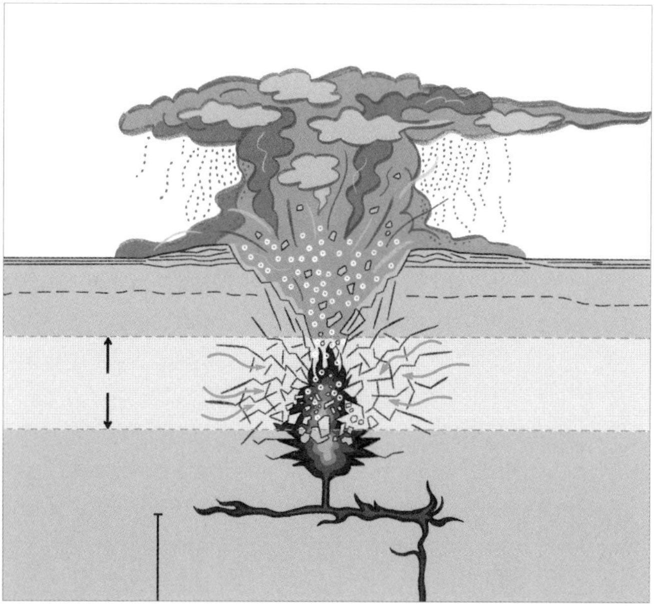

マールの模式図

答006

背斜

解説

問2(P.36) の解説で、褶曲した地層はアルプス・ヒマラヤ造山帯に多いと述べましたが、それらが資源として利用できる状態にあるのがペルシア海岸です。ここではアラビアプレートとイランプレートが互いに押し合い、猫の背中のように（覚えやすいですね）上に曲がった地層ができました。原油は水より軽いため、ここでは不透水層の比較的すぐ下に原油を含む地層があり、一度油田を掘り当ててしまえばほかの埋蔵地域の推測も容易です。なお、背斜の逆である軸が最も低くなった褶曲を向斜《こうしゃ》と言います。

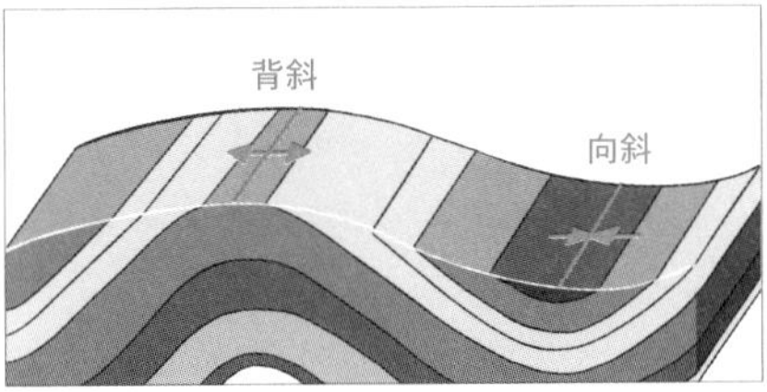

答007

アフリカ大陸

解説

ギニア湾北部にはアフリカ楯《たて》状《じょう》地《ち》があり、コンゴ川流域には卓状地があるなど、安定陸塊が占める面積の割合が大きいのもアフリカの特徴です。新期造山帯は北西端のアトラス山脈のみで、古期造山帯も南アフリカのドラケンスバーグ山脈周辺にしかありません。

アフリカ大陸はかつて「暗黒大陸」と呼ばれましたが、これはサハラ砂漠により西洋人が考えていたような陸運が難しかったことに加え、河川も台地の上から流れてくるのでいくつかの滝を持ち、遡上するのが難しかったためです。

問008

アフリカの湖で、白ナイル川の源流となっているのはヴィクトリア湖ですが、青ナイル川の源流となっている湖は何でしょう？

問009

水はけがよく、洪水の危険も小さいため古くから集落が立地した、洪水時に川から溢《あふ》れた土砂が川岸に堆積した地形は何でしょう？

問010

流域ではリャノと呼ばれる草原が広がる、南アメリカ大陸北部を流れる川は何でしょう？

問011

メコン川、ライン川、ドナウ川など、国境を越えて流れ、条約で複数国の航行が認められている河川を何というでしょう？

答008

タナ湖

解説

この問題は、湖の名前よりもその位置を覚えることが重要です。
ヴィクトリア湖はウガンダ、ケニア、タンザニアにまたがるアフリカ最大の湖です。ナイル川の主な2本の支流は白ナイル川と青ナイル川ですが、白ナイル川が流出する地点はウガンダにあります。
一方、タナ湖はエチオピア北部にあり、同国最大の湖です。
青ナイル川は長さこそ白ナイル川よりも短いものの、流量は多く、エチオピアが青ナイル川に建設した大エチオピア・ルネサンスダムでの発電量は、人口増加著しいエチオピアにとって必要不可欠なものとなっています。
一方、下流のスーダンとエジプトは、外来河川であるナイル川に水資源を依存しており、その流量がエチオピアの一存で決まることについて、政治的な対立が生まれています。

答009

自然堤防

解説

寺社が集中しているところが古くからの市街地ですが、それは河川地形だと自然堤防上と扇状地の扇端にあたります。これは地形図の判読問題で重宝するテクニックです。仮に今の地形からは自然堤防だとわからなくても、寺社が集まり区画整理されていない2つの集落が一定の間隔で細長く延びていれば、そこはかつての自然堤防であり、蛇行した末に三日月湖となったあとか、河川改修により流路が直線化され河道から外されたか、どちらかの変化があったことがわかります。
新潟県小須戸（現・新潟市秋葉区）のように、大河川の自然堤防上で舟運により発達し、現在も伝統的建築が残っている集落・町も数多くあります。小須戸は在郷町＝農村の中の物資の集積地として発達したため、都市とは異なる最低限の商業機能集積が見られます。

小須戸の町並み

答010

オリノコ川

解説

南アメリカの川は、北から順にオリノコ川、アマゾン川、ラ・プラタ川の3つを覚えておけば十分でしょう。
アマゾン川は飛び抜けた知名度を誇り、ラ・プラタ川とその主たる支流のパラナ川はブラジル、アルゼンチン、パラグアイ、ウルグアイの国境を形成するなど国の形から位置を覚えやすいですが、オリノコ川はそうではなく、流域面積も最も狭いです。そのぶん流域の土地利用・植生で覚えることはリャノくらいですので、この機会に覚えましょう。
リャノはサバナ型の草原で、同じく南米のサバナ型草原であるカンポセラードと異なり、赤道の北にあることも重要です。アマゾン川の逆流現象「ポロロッカ」はクイズではあまりにも有名ですが、オリノコ川の河口では、「マカレオ」というポロロッカに似た現象が起こります。

答011

国際河川

解説

代表的な国際河川であるドナウ川沿いにはウィーン、ブラチスラヴァ、ブダペスト、ベオグラードという4つの首都があります。日本では国土が急峻《きゅうしゅん》な山地に覆われていて流域面積が狭い川が多いほか、川の流れが急で流量の季節変化（河況係数）も大きいため、ひとつの川の流域に複数の大都市があるという例はあまりありません。国際河川の川沿いの都市はたくさんあるため、川別に覚えておくと混同しづらいです。

堆積作用が強い河川に人工堤防を築くことで川底の標高が高くなって形成される、水面が周囲よりも高い位置にある川を何というでしょう？

ニジェール川、チグリス川、ユーフラテス川、ナイル川など、湿潤地域を源流とし国境を越えて乾燥地域を流れる河川を何というでしょう？

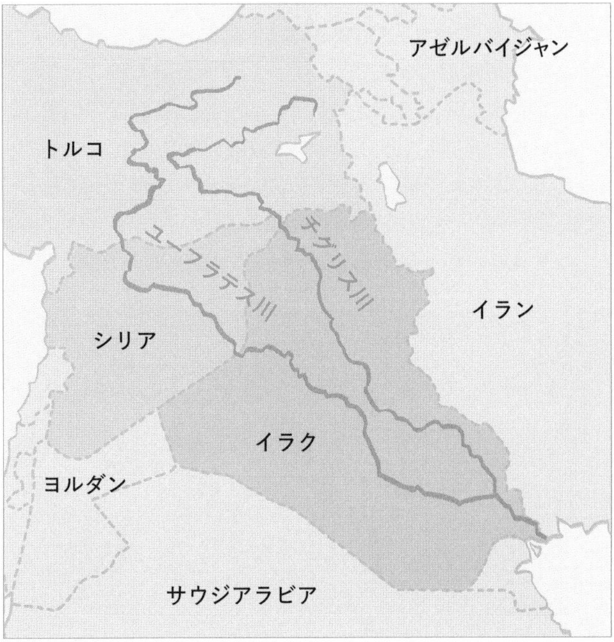

チグリス川・ユーフラテス川流域

天井川《てんじょうがわ》

解説

クイズで出題される際は「長良川や渡良瀬川など」と問いが始まることが多いですが、例はほかにも多く存在します。その川のすべての部分が天井川というわけではなく、川の浸食、運搬、堆積作用は流速と粒子の大きさという２つの示標に依存するため、少し場所が違うだけで運搬あるいは堆積が卓越するということは頻繁にあります。

わかりやすい天井川には、芦屋川や住吉川など阪神間を南流する河川があります。これらは、海岸線近くに標高1000m近い山があるため、非常に斜面が急でそのぶん浸食、堆積される土砂が多いことと、戦前から宅地化が進み人工堤防を作る必要性が高かったことが理由です。線路が川の下を通る場所もあります。

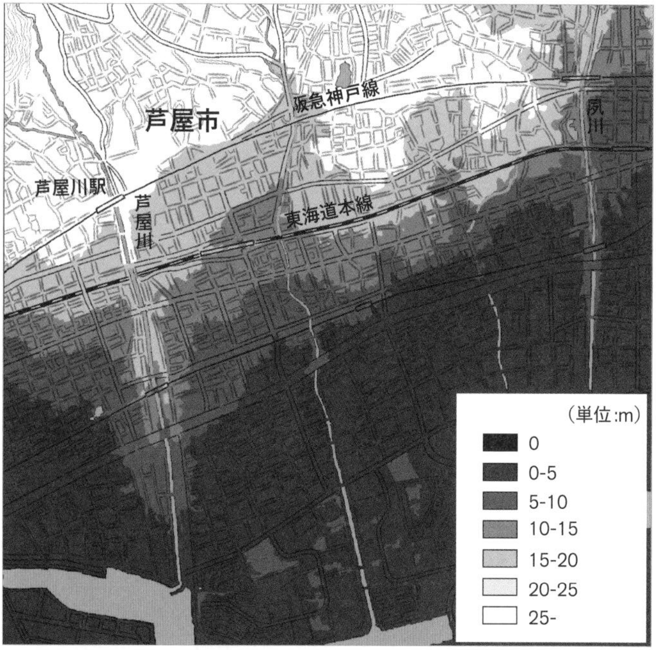

神戸市・芦屋市の色別標高図

答013

外来河川

解説

国際河川と紛らわしいので区別できるようにしておきましょう。ニジェール川は、ギニア湾付近のサバナ気候地域から一度内陸に入り、マリを東西に貫いてナイジェリアでギニア湾に注ぎます。ナイル川のほうが流路をイメージしやすいと思いますが、両河川ともサバナ気候地域からサハラ砂漠を流れていることが特徴で、砂漠内でもマリのトンブクトゥ、スーダンのハルツーム、エジプトのアスワンなど主要都市が川沿いに位置します。これはチグリス川・ユーフラテス川にも同じことが言え、両河川を使った灌漑《かんがい》技術がメソポタミア文明の成立を助けました。

なお、チグリス川とユーフラテス川はイラク南部で合流し、シャトルアラブ川になります。これはイランとイラクの国境の一部をなし、領有権を巡る争いがイラン・イラク戦争の原因の一つになりました。砂漠地帯では、数少ない自然的特徴である外来河川が国境になりやすいとも言えます。

ニジェール川流域

問014

群馬県の沼田《ぬまた》、渋川《しぶかわ》、前橋《まえばし》という都市を沿岸にもつ、関東平野を横断し千葉県銚子《ちょうし》市で太平洋に注ぐ河川は何でしょう？

問015

上流では金沙江《きんさこう》、下流では揚子江《ようすこう》と呼ばれる、ヒマラヤ山脈から東シナ海まで流れるアジアで最も長い川は何でしょう？

問016

両側を流れる河川に浸食された結果として残った細長い形の洪積《こうせき》台地のことを、その形が動物のある器官に似ていることから何というでしょう？

問017

四方を住宅地と工場地に囲まれながらも、ゴカイやシギなどの多様な動植物が見られ、日本の干潟としては初めてラムサール条約に登録された千葉県習志野《ならしの》市の干潟は何でしょう？

Answer

答014

利根川《とねがわ》

解説

日本の河川は西洋の河川と比べて舟運に向かない性質がありますが、日本でも流れが穏やかな大河川は舟運に広く利用されており、利根川はその代表です。たとえば、霞《かすみ》ヶ《が》浦《うら》に面した茨城県土浦《つちうら》市が栄えたのも、桜川という川の流域で捕れた物資を霞ヶ浦、佐原《さわら》（千葉県北東部、現在の香取《かとり》市）、関宿《せきやど》（利根川と江戸川の分岐点、現在の千葉県野田市）を通って江戸に運ぶ物流拠点になったためです。このように、街道と川、海などの自然的障壁が交わる場所だけではなく、大河川と小河川のどちらからもアクセスしやすい地域、あるいは大河川と山地の境界部分にも都市は立地しやすいのです。

答015

長江《ちょうこう》

解説

ヨウスコウカワイルカなどで有名な揚子江というのは、実は長江の正式な別名ではありません。同様に地域によって呼び名が変わる川は世界各地にあり、長野県内では千曲《ちくま》川と呼ばれる信濃川、上流部ではランツァン（瀾滄）江と呼ばれるメコン川が有名です。下流部は国際貿易港に近く名前も伝わりやすいため下流部での名称が川全体の名称だと思われているきらいがありますが、各地の呼び方を理解するのは国境を越えて（あるいは、長江のように文化的特徴が大きく異なる地域を）流れる河川を覚える一助になります。

答016

舌状《ぜつじょう》台地

解説

洪積台地が浸食を受けて形成される地形にもいろいろなものがありますが、舌状台地は比較的大きな河川が2本並行しているか、狭い角度をなして流れているところに見られます。関東では茨城県の鬼怒川《きぬがわ》と小貝川《こかいがわ》の間の部分や、東京の藍染川《あいぞめがわ》と小石川《こいしかわ》（礫川《れきせん》）、旧神田川《かんだがわ》に挟まれた本郷《ほんごう》台地（下地図参照）が該当します。後者には東京大学本郷キャンパスや、大学・学習塾の集積地として有名な駿河台《するがだい》が位置しているのですが、地盤が固く地震の被害を受けにくかった台地が、大学・博物館など学芸・教育に関する施設の立地場所として選ばれ、近代の文化形成を牽引《けんいん》していた面があります。

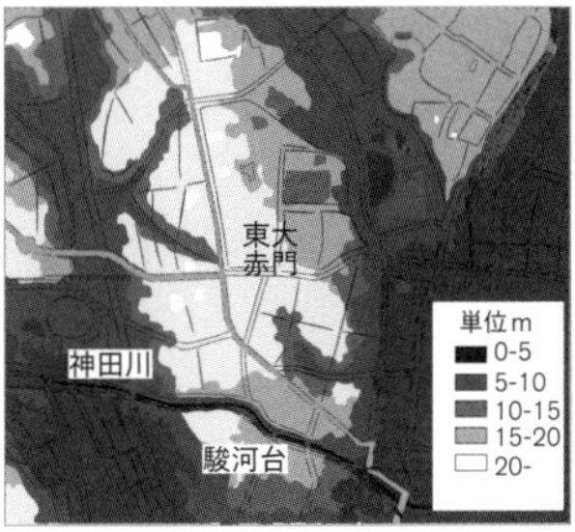

本郷台地

答017

谷津干潟《やつひがた》

解説

関東平野では、更新世（洪積世）に海底で堆積したのち隆起してできた洪積台地と、その隆起後（主に完新世）に河川の堆積作用により形成された沖積平野が入り組んで分布しています。

洪積台地はより長い間地上にあるため河川の浸食作用を受け、一部が削られ沖積平野と同等の標高まで低くなったあと、土砂が堆積して平野が形成されました。そのようにしてできた谷状の細長い平地を谷戸《やと》や谷津と呼び、千葉県の下総台地の外縁でよく見られます。谷戸では水が得やすいぶん水はけが悪く水害の危険もあるため、集落は立地せず水田が広がります。谷津干潟周辺の地名も、この谷津田があったことに由来するようです。

ラッパ型の湾が特徴的で、湾《わん》奥《おう》部《ぶ》では河川と海洋両方からの交通利便性に優れることから大都市が発展する傾向にある河口の形態を英語で何というでしょう？

問019

関東では千葉県銚子市の屏風《びょうぶ》ヶ《が》浦《うら》が有名な、海岸の岩石が波によって削られて形成される地形は何でしょう？

問020

沿岸流が弱い海岸に形成されやすく、自然堤防が海まで延びてできる三角《さんかく》州《す》のことを、その形が鳥の足跡のように見えることから何というでしょう？

答018

エスチュアリー

解説

エスチュアリーの湾奥に発達した都市としてカナダのケベックシティ(セントローレンス川)、イギリスのロンドン（テムズ川)、ブエノスアイレス（ラ・プラタ川)、杭州《こうしゅう》（銭塘江《せんとうこう》・杭州湾）などがあります。
何川のエスチュアリーか小縮尺の地図ですぐにわかる場合もあれば、杭州湾のように川幅と湾の規模があまりにも違うため川の名前が重要ではないものもあります。浸食作用の大きさは見かけによらないということです。海から見た時の湾の入り口である湾口も含めるとリヴァプール（マージー川)、モンテビデオ、寧波《ねいは》（ニンポー）という名だたる都市が続きます。たとえばリヴァプールは17世紀には大西洋三角貿易の、18世紀には綿製品輸出の拠点となり、産業革命を牽引しました。

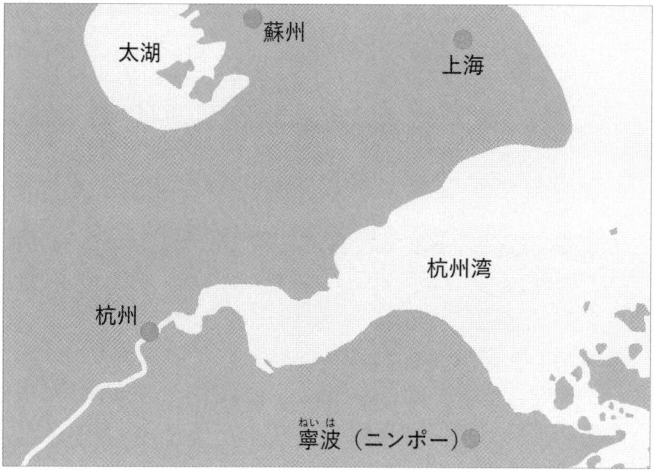

Answer

答019

海食崖《かいしょくがい》

解説

海から地層（露頭）がそそり立つ様子をイメージしてもらえるとわかりやすいでしょう。海食崖では常に新しい岩石が露出しているため、状態の良い露頭を観測できることがあります。岩石の硬さに差がある場合は、柔らかい岩石が先に削られて海食洞を形成します。これらは神奈川県・江の島の岩屋洞窟など、日本各地で観光地となっています。海食崖は隆起した地域に形成されることが多いのですが、ここからさらに隆起し、海面下の平坦面（海食台）が地上に現れると、海食崖は段丘崖《だんきゅうがい》、海食台は段丘面となって海岸段丘を形成します。写真は屏風ヶ浦です。消波ブロックと遊歩道が設置されるまでは毎年1mという急激なペースで海岸線が浸食されていました。

答020

鳥趾状《ちょうしじょう》三角州

解説

三角州はその類型まで覚えておきましょう。

沿岸流の速さが中程度であり、流路が変わりやすい河口で形成されるのが円弧状《えんこじょう》三角州で、まるく海に向けて突き出した形をしています。円弧状三角州はナイル川が有名ですが、ほかには広島市の太田川や、千葉県木更津《きさらづ》市の小櫃川《おびつがわ》があります。ギリシャ文字のΔ（デルタ）に近いのもこれですし、三角州と言ったら円弧状を思い浮かべると思いますが、これの地形図ばかり見ていると扇状地と紛らわしくなるので注意しましょう。

沿岸流が強い河口にできるのがカスプ状三角州で、陸側に凸な曲線が2本重なった部分に河口があるというおもしろい形をしています。日本だと天竜川《てんりゅうがわ》が有名で、遠州灘《えんしゅうなだ》の強い沿岸流と波浪によって堆積した土砂がすぐに流されるため、カスプ状三角州が形成されました。

佐賀県唐津《からつ》市の虹《にじ》の松原《まつばら》に代表される、波によって打ち上げられた砂や礫《れき》が海岸線と平行に堆積した地形を何というでしょう？

佐賀県唐津市・虹の松原

問022

北海道の野《の》付《つけ》半島に代表される、堆積した砂と礫が沿岸流によって湾の内側に運ばれ、鳥のくちばしのように曲がった地形を何というでしょう？

問023

アドリア海の奥にある潟湖に面して発達した、運河の街として知られるイタリア東部の都市はどこでしょう？

答021

浜堤《ひんてい》

解説

浜堤は河川の氾濫や高波の被害を受けにくいため、古くから集落が立地してきました。虹の松原のように景勝地として有名な地域のほかにも、新潟県～北陸地方にかけての日本海沿岸では浜堤が顕著で、石川県河北《かほく》郡内灘町《うちなだまち》や新潟県北蒲原《きたかんばら》郡聖籠町《せいろうまち》は浜堤の上にできた町と言えます。写真は新潟市西区の内野というところで、浜堤の上から日本海側を撮影したものです。浜堤を垂直方向に開削した川が中央部分を貫通し、奥には道路が走るもう1本の浜堤が見えます。

東大の入試では、金沢市の街の成り立ちを地形と関連付けて論述する問題が出題されたことがあります。その問題で登場した地図の中に内灘町も入っており、同町は金沢市のベッドタウンですが、扇状地の上に形成された金沢市とはまったく別の起源を持っているということです。このように今はベッドタウンでも、昔は独自に発展していた都市はたくさんあります。土地の歴史を知ることのおもしろさでもありますね。

新潟県西区内野の浜堤より撮影

答022

砂嘴《さし》

解説

似た概念の砂州《さす》とは、2文字目の「し」と「す」しか差がなく、とても紛らわしいです。砂州は沿岸で砂と礫が堆積して陸地となった地形全般を指し、砂嘴は砂州の部分集合を指します。クイズではよく野付半島が出てくるのですが、静岡県の三保松原《みほのまつばら》や、アメリカ合衆国のコッド岬（第4章問025、P.107参照）も砂嘴です。砂嘴に囲まれた部分は波が穏やかなため港に向いており、三保松原は清水港という重要な港湾と、その後背地の20万都市をはぐくみました。

さらに、砂嘴と鳥趾状三角州はどちらも鳥にまつわる名前を持ち、同じ読みの「し」の漢字を間違えやすいので注意しましょう。2つはまったく逆の部位なので、この機会に覚えましょう。

答023

ヴェネツィア

解説

潟湖（ラグーン）は海の一部分が砂州によって外海と切り離されてできた湖のことで、多くの場合海水に満ちています。日本だと静岡県の浜名湖や島根県・鳥取県の中海が有名です。砂州が形成されるメカニズムは問021（P.60）で述べた浜堤と同じで、水域と水域の間にできたら砂州、水域と陸の間にできたら浜堤になります。

ヴェネツィアは潟湖に浮かぶ島の上に市街地が形成されており、全体的にきわめて標高が低いため、アックア・アルタと呼ばれる高潮で市街地が冠水するのが風物詩となっています。

問024

海岸線近くの島との間で沿岸流が干渉して弱くなったり衝突したりすることで砂と礫が集まってできた、イタリア語から「トンボロ」とも呼ばれる沿岸地形は何でしょう？

問025

スペイン・ガリシア地方の海岸が名前の由来になっている、国内では三陸海岸に代表される、多数の入り江からなる沈水海岸を何というでしょう？

問026

グリーンランド南西部やノルウェーに見られる、氷河に浸食されたU字谷に海水が細長く入り込んだ地形のことを何というでしょう？

答024

陸繋砂州《りくけいさす》

解説

函館《はこだて》は小規模な市街地に発達しており、南側にある函館山からの夜景が高く評価されています。これはもともと函館山が島であり、北海道本島の間に陸繋砂州ができ、その上に市街地ができたからだという話は有名です。しかし、同じく北海道南部の港町である室蘭《むろらん》も、じつは陸繋砂州の上に発達した町であることはあまり知られていません。ここで函館と室蘭の地形を見てみると、どちらも陸繋島および陸繋砂州が港をくるっと東・南から囲んでおり、よく似ています。

陸繋島—陸繋砂州のセットは、香川県小《しょう》豆島《どしま》のエンジェルロード、神奈川県の江の島（写真）、フランスのモン・サン・ミッシェルなど世界各地で見ることができます。前者2つは私が実際に足を運びましたが、砂州の上を歩くと中間部分で狭く、低く（海面下の時は深く）なっていることがわかりました。つまり両方の陸の近くから土砂の堆積が進んだことを表しています。

神奈川県江の島の陸繋砂州

自然環境

答025

リアス海岸

解説

三陸海岸の中でもリアス海岸は宮《みや》古《こ》市より南に分布します。宮古より北は隆起が卓越し、海食台など離水海岸らしい地形が見られます。青森県八戸《はちのへ》市の種差《たねさし》海岸という景勝地や、それを描いた東《ひがし》山《やま》魁《かい》夷《い》の絵は有名です。その宮古市には本州最東端の岬である魹《とど》ヶ《が》崎《さき》があり、クイズにもたまに出題されるなど、地質の面でも空間座標の面でも注目すべき場所となっています。

三陸以外のリアス海岸には、文中で言及したスペインのリアスバハス海岸、首都圏なら三浦半島西部などがあります。外海の波が湾口で干渉して弱まるため、天然の良港が形成されやすく、漁業はもちろん、三浦半島の油壺験潮場《あぶらつぼけんちょうじょう》の立地にも貢献しました。しかし、入り江と同じ向きに長周期の波が来る場合は話が別で、東日本大震災をはじめ三陸海岸を幾度となく襲った悲惨な津波の地形的要因となりました。

答026

フィヨルド

解説

フィヨルドは英語ではfjordといい、数少ないアルファベットと仮名の字数が一致する単語です。この奇妙なスペルはこれが古ノルド語からの借用語であるためで、地域性が感じられます。

U字谷はとても深く傾斜が急です。つまり、谷の奥のほうまで湾が入っており、ノルウェーのソグネフィヨルドは200km以上の長さがあります。そのような奥部でも、大型船舶の航行と停泊が可能であることから、天然の良港が形成されやすくなっています。このことが、北海のバンクや北大西洋海流とともにノルウェーの高い漁獲高を支えました。

問027

ホルムズ海峡によってオマーン湾と隔てられた、アラビア半島とイランに囲まれた湾は何でしょう？

問028

中国と東南アジア諸国の石油戦略にとって重要性が高くシーレーンとなっている、マレー半島とスマトラ島の間にある海峡は何でしょう？

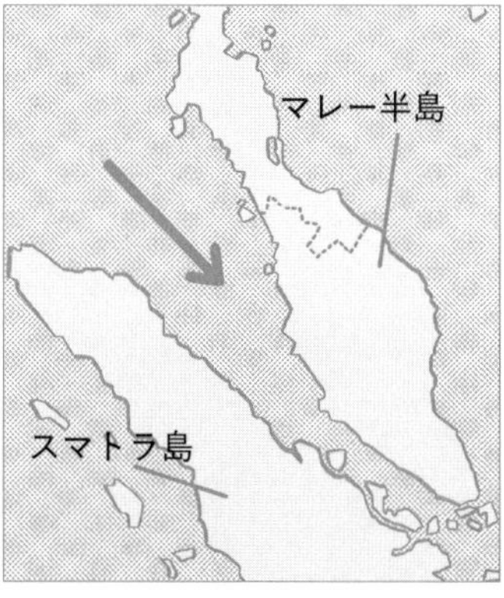

問029

サハラ砂漠では「ハマダ」と呼ばれる、山地や高原の岩盤がそのまま露出した砂漠を何というでしょう？

問030

年平均気温と小雨になる季節から計算される、乾燥帯とそれ以外の気候帯とを区分する基準となる降水量の値は何でしょう？

答027

ペルシア湾

解説

ペルシア湾は、英語で「The Gulf」と言えばここを指すほど重要な湾です。湾岸戦争（Gulf War）もこの沿岸で起こった戦争でした。オマーン、サウジアラビア、UAEの湾岸産油国は、石油が出ることと砂漠が広がることのほかにも、君主制であるという共通点を持ち、また湾岸協力会議（GCC）に加盟しています。
これらの国はもともとの人口が多いとは言えませんが、南アジア、東南アジアから外国人労働者が増加しており、ブルーカラーの仕事を担っています。国別でいうと、インド人のほかバングラデシュ人も多いようです。職種が違うため経済的格差が発生し、「現地に特段の愛着を持つ住民」の割合が減ることで、「歴史的遺産の保全を脅かす原因のひとつ」となっています。

答028

マラッカ海峡

解説

日本が輸入する石油の8割が通る海峡と言えばホルムズ海峡ですが、マラッカ海峡は中国が輸入する石油の約8割が通過します。資源ナショナリズムの勃興と石油の中東依存度の上昇を踏まえ、中国は「一帯一路」構想による陸上交通の開拓でリスク分散を図っています。海峡の両側で連続性を持ったマレー語文化が見られるのも特徴で、植民地支配直前にはマラッカ王国という両岸を支配下に置くイスラーム王朝がありました。現在も両国ではスンナ派イスラームが主な宗教であり、インドネシアの国語たるインドネシア語はマレー語をもとにしています。
シーレーンとは、地政学的に通行を確保することが必須の航路のことを指します。この海域は内海ではありませんが、スマトラ島とジャワ島が大きすぎるため、太平洋とインド洋を短距離離で結ぶ航路がマラッカ海峡とスンダ海峡に限られるということです。

答029

岩石砂漠

解説

いかにも日本人の名前のようですが、れっきとしたアラビア語です。この問題で重要なのはカタカナの名前ではなく、砂漠には岩石砂漠、礫砂漠、砂砂漠があるということです。その中で岩石砂漠は世界に最も広く分布し、日本人が「砂漠」と聞いて思い浮かべるであろう砂砂漠は世界の砂漠の20%程しかありません。

答030

乾燥限界

解説

乾燥限界は、tを年平均気温、aを年中湿潤なら7、夏乾燥(s)なら0、冬乾燥(w)なら14である定数としたとき、20(t+a) mmという式で算出されます。ドイツの気象学者ケッペンが考案した気候区分は植生に基づいており、樹木が育たないかどうかを樹木の類型より先に見る発想です。したがって、最寒月平均気温より前の段階で乾燥限界以上かそれ以下かを判断します。年間降水量がこの半分以上1倍以下ならステップ気候に、半分以下なら砂漠気候になります。ステップ気候は短草草原や牧草地、砂漠気候は一面の砂漠として理解されがちだと思いますが、実際はそれらは連続的な降水量や気温という値を非連続的に処理した区分の産物であり、こういった一本の式によって導かれる値で分かれていることに注意が必要です。つまり砂漠気候にも草原はあります。たとえばオマーン南部のサラーラというところは比較的湿潤ですが、年降水量は136mmしかありません。

問031

南半球ではアフリカ南西部やチリ中部に分布する、ケッペンの気候区分でCsで表される気候は何でしょう？

問032

高緯度の大陸性気候地域で特に大きくなる、最も暖かい月の平均気温と最も寒い月の平均気温の差のことを、漢字3文字で何というでしょう？

問033

ラパスやキトなどアンデス地域の都市について言われる、季節間の気温差は小さいが一年中過ごしやすい気温であることを指した漢字2文字の言葉は何でしょう？

問034

最大の都市であるアリススプリングスでも人口は約2万5000人である、オーストラリアの内陸部に広がる人口が少ない地域を何というでしょう？

答031

地中海性気候

解説

Cは温帯を表し、sは夏乾燥（sommertrocken）を表します。つまり、冬に雨が降ることよりも夏に乾燥することのほうが（その間は植物が育ちにくいので）重要です。同様に、アルファベットのwは冬乾燥（wintertrocken）を、fは湿潤（feucht）を表します。
ケッペンの気候区分は妥協の産物です。また、彼がモデルとしたのはヨーロッパから地中海沿岸で、そこから外れた中央アジアや日本では直感に反する気候に分類されることがあります。例として、中央アジアの内陸は地中海性気候に当てはまってしまいます。Cw（温帯冬季少雨気候）とCsはどちらも温帯で、年内の降水量に差があることは共通していますが、前者の条件は最大降水量が最少降水量の10倍以上なのに対し、後者は3倍以上です。やはり蒸発量が多くなる夏は降水が多くなりやすいためこういう基準になっているのでしょうが、これがアジア内陸部でのCs気候を生み出していると言えます。

Answer

答032

年較差

解説

単に「年較差」「日較差」と言った場合、気温のことを指します。年較差は低緯度地域で小さく高緯度地域で大きいほか、海洋性の気候で小さく、内陸性の気候で大きくなります。例として、那覇の観測史上最高気温は35.6℃に留まっています。それでも十分暑いのですが……。日較差は隔海度（大陸性か海洋性か）の影響は年較差と同様強く受けますが、緯度の影響はそれほどではありません。雨温図から観測地点を特定する問題は頻出なので、年較差、より具体的には雨温図の折線のカーブ度合いから緯度と隔海度のあたりをつけておくといいでしょう。

答033

常春

解説

ケッペンの気候区分が内陸性の気候をうまく説明できないというのは問31でも述べた通りですが、特徴的な高山の気候も説明できないということはより有名で、「常春」に当たる気候は温帯冬季少雨気候に分類されたり、もっと標高が高いとツンドラ気候になったりします。これにトレワーサという人が高山（H）気候を加えており、地図帳で見てみると見事にロッキー、アンデス、アルプスなど名だたる高山地帯を覆っています。標高はこれらに比べて低いですが、エチオピアの首都アディスアベバ（標高2355m）が高山気候の特徴を示すことも覚えておきましょう。

答034

アウトバック

解説

クイズでよく聞くこの単語は、砂漠の固有名ではありません。むしろ、西洋人にとって未開であったオーストラリア内陸部を総称する、開拓精神に基づく単語です。アリススプリングスはウルル（かつては英語のエアーズロックという名前が知られていましたね）の観光拠点でもあるほか、砂漠気候の代表的地点として雨温図が教科書に載ることも多い都市です。

アウトバックは、日本の都市部に9店舗を構えるステーキチェーンの名前にもなっており、実際にオーストラリア（あるいはニュージーランド）で生産された牛肉を使っているそうです。

Question

問035

核実験が本格化した1953年を始まりとする説が主流であり、大分県の別府湾などが国際標準模式地の候補とされている、完新世のあとの時代として新たに提唱された地質年代は何でしょう？

問036

有機成分の分解が進まず、土壌中の化学成分が溶脱するため灰色を呈する、冷帯地域のタイガに分布する土壌は何でしょう？

問037

ウクライナからロシア南部まで広がる穀倉地帯を形成している、黒土《こくど》のひとつである肥沃な土壌は何でしょう？

問038

中国の黄龍《こうりゅう》やトルコのパムッカレでは棚のようになった部分が見られる、主にカルスト地形を構成する岩石は何でしょう？

答035

人新世

解説

2007年の東大の入試問題に、人間の出す残飯などのゴミに含まれる窒素がそのまま東京湾に流されているという模式図を提示したものがありました。ここでは食糧自給と窒素循環の時代から輸入飼料を用いた肉食優位の食生活の時代に変化するにともなって、人口密集地付近での富栄養化（窒素やリンなど無機栄養分の水中濃度が増加すること）が進行していることに警鐘を鳴らしていると言えるのですが、こうした現象も人新世に特有のものです。
この本では洪積台地・沖積平野の区別を紹介し、これらが地質年代に依拠した区分であることも解説しました（第3章問17、P.53参照）。では人新世に堆積した（あるいはしなかった）地盤はのちに何と呼ばれるのでしょうか……？

答036

ポドゾル

解説

「○○ソル／ゾル」はラテン語、ロシア語で「土」という意味です。これゆえ、ラトソルという土壌と混同しやすいかもしれません。ラトソルはアルミニウムなどの無機物に富む熱帯の土壌で、多量の雨によって土壌の中の有機養分が流されること(溶脱)で形成されます。これに対し、ポドゾルでは微生物による腐植物の分解が進まず、土壌中で水が上から下に流れる過程で溶脱が起こります。どちらも肥沃な土壌とはいえないほか、森林が分布し、土をそのまま使う農業はあまり行われていません。

答037

チェルノーゼム

解説

この辺りはDf(亜寒帯湿潤気候）に属し、針葉樹林が分布していました。木が死んで腐敗すると、短い夏の間にその上に植物が生え、有機物を大量に作り出します。
温暖・湿潤な地域では、有機物が生産されるのと並行して分解され無機物になるのですが、チェルノーゼムでは夏季は乾燥・冬季は凍結により分解がされず、そのまま有機物が残ります。このようにして肥沃な土壌が形成されているのです。黒土自体はチェルノーゼムに限らず、同様に草原が広がる南米のパンパ土や北米のプレーリー土にも見られます。

答038

石灰岩

解説

石灰岩は、化学式CaCO3で表される炭酸カルシウムが続成作用を受けた岩石です。炭酸カルシウム自体はサンゴなどの殻が堆積したもので、比較的柔らかく浸食を受けやすいことが特徴です。これは学校で使うチョークが炭酸カルシウム由来であることを思い出せば想像しやすいでしょう。浸食を受けやすいゆえに鍾乳洞《しょうにゅうどう》ができ、それが陥没するとドリーネ、ウバーレ、ポリエという凹地形が見られます。この凹地形が点在する地形がカルスト地形です。

MEMO

04

産業と資源

問001

Question

もやしやスプラウトとして食用にもされるほか、パンパで大規模に栽培されることで肉牛飼育を支えている、和名を「ムラサキウマゴヤシ」という飼料作物は何でしょう？

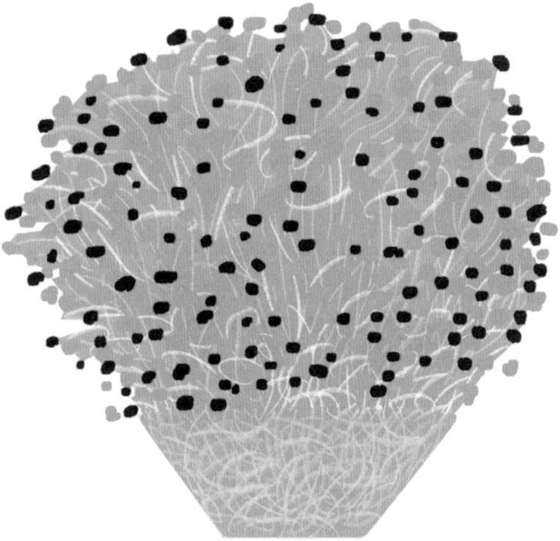

北アフリカではフォガラ、アフガニスタンではカレーズという、乾燥地域で灌漑《かんがい》に使われる水路をイランでは何というでしょう？

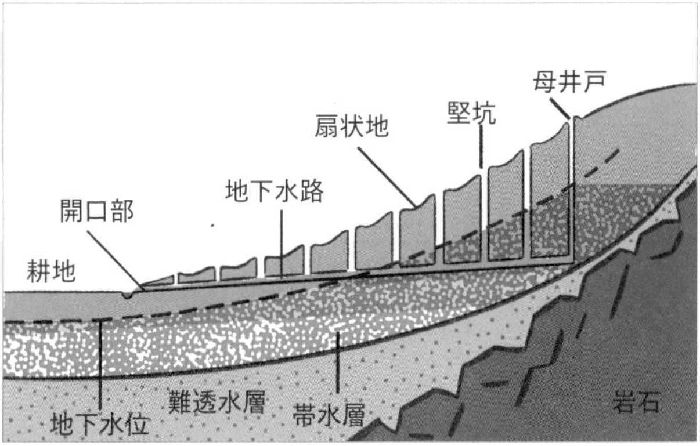

水路の仕組み

Answer

答001

アルファルファ

解説

パンパとはアルゼンチンとウルグアイにまたがる草原地帯のことです。年降水量が550mm以上の湿潤パンパではアルファルファのほかにトウモロコシの栽培や牛の放牧が行われています。乾燥パンパでは羊が放牧され、その間の漸《ぜん》移《い》地帯では小麦が栽培されています。牧牛と牧羊の降水量との関係が紛らわしいですね。牛は羊より体が大きく、そのぶん食べる量も多いので、より丈の長い草原つまり降水量の多い地域が適すると覚えておけばいいでしょう。

余談ですが、ウルグアイは、土壌が等質で高低差がほぼなく、地形的特徴は1本の河川（ラ・プラタ川）と単調な海岸線だけであることも助けて、おおよそではあるもの、ドイツの農業経済学者チューネンが提示した孤立国農業モデルが当てはまります。このモデルは、荒れ地に囲まれ外国との貿易が一切ない地域においては、市場の近くには園芸農業などの集約的農業、遠くには二圃制や牧草地など粗放的農業が立地するというものです。たいていの地理の資料集にはこのモデルが載っていると思いますが、高度に概念化されているため当てはまる地域が見つかりにくいためか実例が書いていないことが多いので、参考までに記しておきます。

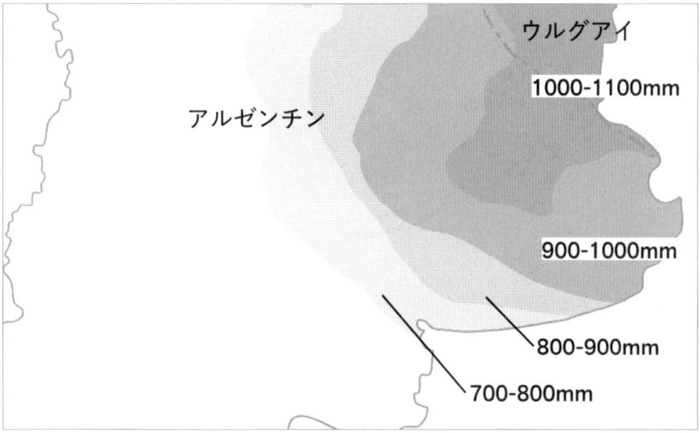

パンパの年間降水量

答002

カナート

解説

乾燥帯では、農業を持続的に行うために古くから地面に縦穴と横の水路を掘ることによる灌漑が行われてきました。湿潤な気候のもとで灌漑をするときには地上に水路を引いたほうが安上がりですが、蒸発を防ぐために地下に敷設されています。

オーストラリアの大鑽井《だいさんせい》盆地での灌漑との相違点は、カナートは帯水層（地下水を含む地中の層）との高低差を利用して水を通し、人為的に水をくみ上げるのに対し、後者は地下水面が地上の標高より高いため自ら水が噴出してくる点です。

ちなみにフォガラ、カレーズ、カナートの３つのうち、最もよく答えとして求められるのはカナートですが、たまにフォガラも書かされるかもしれません。同様のものをオマーンではファラージ、中国の新疆《しんきょう》ウイグル自治区ではカンアルチンと言います。後者は漢字で坎児井と書き、坎はくぼみを意味するため覚えやすい名前です。カレーズからの音訳という説もあります。

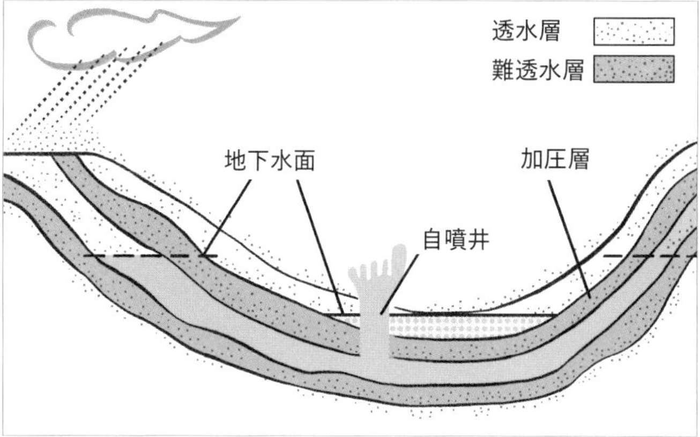

大鑽井盆地の灌漑のしくみ

問003

愛知県田《た》原《はら》市の電《でん》照《しょう》菊《ぎく》栽培が有名な、温室などの保温設備を使って野菜や花を集約的に栽培する農業を何というでしょう？

問004

日本における消費量の約9割がカリフォルニア州産であり、特に州中部のフレズノで生産されるものが有名な、ブドウの実を乾燥させたものを何というでしょう？

問005

ブラジルではファゼンダという、ペルーやチリの伝統的な大土地所有制度に基づく大農園を何というでしょう？

問006

この線より北では小麦が、南では米が主食となっている、中国を南北に大きく分ける農業区分上の線を、西端の山脈と東端の川の名前から何というでしょう？

答003

施設園芸農業

解説

園芸農業は生産物の単価が高く必要量が少ないため、穀物栽培と比べて、収益を確保するための努力が規模拡大以外に向けられる傾向にあります。
その代表的な方法が輸送園芸と施設園芸で、前者は大都市から離れた地域で端《は》境《ざかい》期《き》に栽培し単価を高める手法、後者は人の力で成長を促進させて早い時期に出荷する方法です。施設園芸農業は大都市近郊で行われることが多く、東京23区内ですら葛飾《かつしか》区、足立《あだち》区、また江戸川《えどがわ》区の鹿骨《ししぼね》などを歩いていると温室に出合うことが時々あります。地価は安くないはずですが、それでもいち早く新鮮な野菜を消費地に届けられることの比較優位は大きいのです。

答004

レーズン

解説

カリフォルニア州の地形はとても特徴的で、サンフランシスコ湾が中央部にあり、そこから連続するようにセントラルバレーという低地（地図中央部の南北に細長い部分）が広がります。この低地が地中海式農業の一大拠点であり、ブドウのほかに温暖な気候を生かした綿花や米が栽培されています。また日差しも強いので、ブドウの栽培だけでなく天日干しにも向いています。
これは、カリフォルニア州が西岸にあり気温の年較差が小さいほか、国内では比較的低緯度にあるので亜熱帯高圧帯が夏に北上してくるというお決まりの地中海性気候条件の産物です。

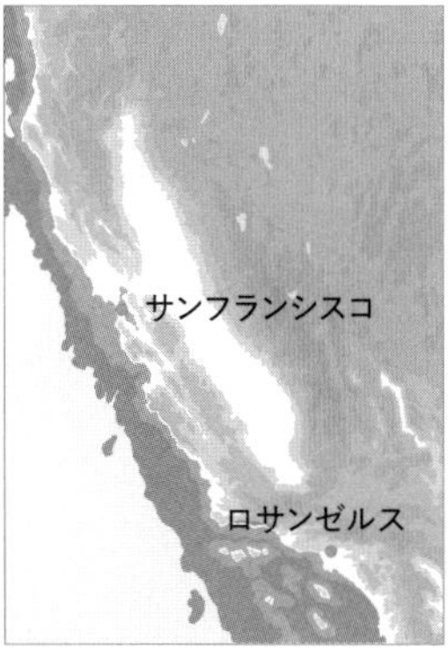

答005

アシエンダ

解説

ブラジルのリオグランデ・ド・スル州とアルゼンチンのパンパ地方ではエスタンシアと呼びます。名前はたくさんありますが、これらはいずれも地主の権限が強く、閉鎖的・自己完結的な農地であるほか、地主が保守的であることから農牧業停滞の一因になっています。なお、1970年代前半にチリで社会主義政権を敷いた大統領アジェンデと字面が似ていますが、haciendaとAllendeなのでスペルを見れば迷うことはないでしょう。

答006

チンリン-ホワイ線（秦嶺《しんれい》・淮河《わいが》線）

解説

この線はおよそ年降水量800から1000mmの線に一致しています。稲作と畑作の境界はおおむね年降水量1000mmと覚えておきましょう。淮河は、江蘇《こうそ》省（蘇州《そしゅう》、無錫《むしゃく》、南京《なんきん》という大都市を南部に持つ）の中央部の黄海《こうかい》に注ぐ長さ約1000kmの河川で、古くから華北・華南王朝の国境になるなど、政治・文化的な境界として機能してきました。

乾燥パンパと湿潤パンパを分ける550mmの線とともに重要な年降水量等値線です。クイズではアメリカ合衆国を南北に分けるメイソン＝ディクソン線もたまに出題されますが、こちらは気候の区分をするものではなく、植民地時代の領土争いに起因します。

問007

かつては世界第4位の面積であったが、ソ連指導の下での綿花栽培によって10分の1に縮小した、中央アジアの塩湖は何でしょう？

問008

アメリカのテキサス州からジョージア州まで東西の広い範囲にまたがる、黒人奴隷の使役によってはじまった綿花栽培が盛んな帯状の地域を何というでしょう？

問009

戦後の食糧問題を解決するべく、1958年から7年間にわたって干拓《かんたく》された、北緯40度・東経140度の交会点《こうかいてん》があることや、干拓地にできた村、大潟村《おおがたむら》があることで知られる秋田県の湖は何でしょう？

Answer

答007

アラル海

解説

アラル海周辺は砂漠気候であり、そこより少し北にはステップ気候が分布します。いずれにしても、アム川とシル川という川からの灌漑による綿花栽培が当地の主要作物でした。しかし、収量の増大を図った政権の方針に沿うように過剰な灌漑を行ったため、流入河川の水量は減少し、土壌中の無機塩類が地上に析出して耕作が不可能になりました。

船の墓場と呼ばれる、文字通り古い船が乾燥と塩にさらされて、かつての湖底の上で野ざらしにされている写真はとても印象に残ります。

後述する八郎潟《はちろうがた》（問9、P.91参照）とともに、「かつてはランキング上位の面積を持っていたが1960年前後に縮小した湖」という共通点があります。しかしその要因はまったく違うものなので、この機会に押さえておきましょう。

答008

コットンベルト

解説

南北戦争は南部の綿花プランテーション所有者と北部のホワイトカラーの間で利益と倫理が交錯した戦いです。アフリカに地理的に近いこの地域には黒人が多く、現在も民主党支持の投票行動にそれが反映されています。

アメリカ合衆国の「ベルト」は、サンベルト、ラストベルト、スノーベルトのほかに、コーンベルトがあります。これはイリノイ、アイオワという中西部の地域で、1960年代には肉牛の飼育が盛んになり、現在はバイオエタノール用と飼料用のトウモロコシ栽培が盛んです。

答009

八郎潟

解説

干拓は江戸時代から海と湖で幅広く行われており、明治初期の地図で人工的な海岸線があれば干拓地だと思っていいでしょう。基本的に先に堤防を作り、耕作が可能になるように若干の盛り土をしてから中の水を排水し、その上に水路やあぜ道を造営して農地にするという流れです。つまり地表面の標高は海底・湖底と変わらず、海抜ゼロメートル地帯になることも多々あります。

例として、この問題にもある八郎潟は地表面の標高が-3.8mです。埋め立て地は土砂を海に流して造営するため、標高が0m以上になるのとは対照的と言えるでしょう。埋め立て地は、津波や高潮など自然災害のリスクが明らかになり、防災意識が高まった後の時代に作られたものほど、標高が高いのもおもしろい点です。たとえば東京の月島は標高2-3mですが、中央防波堤外側埋め立て地では35mほどもあります。（写真参照：色が薄いほうが標高が高い）

このように、低平で水はけが悪い干拓地では水田利用が卓越します。大消費地の近くで農業を行うことが可能なために重宝され、宅地化する以前は東京湾岸（葛西など）と大阪湾岸でも行われてきました。濃尾《のうび》平野の干拓地は現在も使われており、大規模なものとして知られています。

一方、埋め立て地では高度かつ多様な土地利用の余地があり、公害が懸念されるゴミ処理場や空港の立地に向いているという話は東大入試でも出題されました。

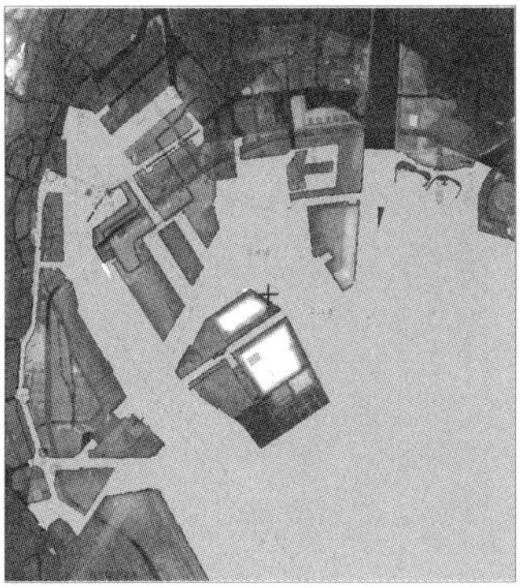

問010

カナダの「小麦三州」など、主に冷帯で栽培されている、夏に育てて秋に収穫する小麦のことを何というでしょう？

問011

サヘルのステップ地域とインドの一部で主食であるほか、ヤムイモやキャッサバとともに焼畑農業の主要作物である、コウリャンとモロコシの総称を英語で何というでしょう？

問012

インドにおいて、1990年代から鶏肉の生産量が飛躍的に向上した出来事を、戦後から1960年代に起こった穀物増産現象になぞらえて何というでしょう？

問013

チャドやオーストラリアでは人口の約3倍、ニュージーランドでは人口の5倍もの数が生息する、肉と毛がともに利用されるウシ科の家畜は何でしょう？

答010

春小麦

解説

冬小麦より春小麦のほうが温かい印象を受けると思いますが、これは種をまく季節を表しています。冬小麦は冬と春に育てなければいけないため、ケッペンの気候区分で温帯にあたる中緯度地域で栽培されます。夏には稲など別の作物を栽培できるという利点があります。

カナダの「小麦三州」は南西部のアルバータ州、サスカチュワン州、マニトバ州の3つを指します。小麦畑以外はほとんどタイガ（針葉樹林）が広がっており、南東部と比べて人口は希薄です。

答011

ソルガム

解説

もともと土壌が痩せているラトソル（第3章問36、P.76参照）で稲作を行うのは難しく、サハラ以南のアフリカとマレーシア、インドネシアの東南アジア諸島部ではこうした条件の克服法として広く焼畑が見られます。

高校地理に出てくる雑穀には、米、小麦、トウモロコシはもちろん、大麦、ライ麦、大豆も含まれていません。ヒエ、キビ、アワとソルガムを総称して雑穀と言われています。ミレット（millet）というのはこの「雑穀」にあたる英語の名詞で、ソルガムと同義でも個別の植物名でもありません。

答 012

ピンクの革命

解説

インドでは経済発展にともない、主食ではない野菜と動物性食品の需要が高まりました。それを受けてブロイラー（肉用若鶏）の産地が次々と形成されました。牛を神聖視するヒンドゥー教徒と豚を食べないイスラーム教徒が多いインドならではの現象だとよく言われますが、牛や豚の生産と比べると規模も小さく手を出しやすいことも関係しているでしょう。鶏肉は豚肉や牛肉よりもピンクに見えるのでいいネーミングですね（赤の革命だと別の意味になりますし）。これは、みなさんも聞いたことがあろう緑の革命に名を由来しています。緑の革命とは、高収量品種の開発と農業の機械化によって米の収量が増加した出来事のことです。設備投資の余裕がない貧窮した農家では収量が増加せず格差拡大を招いた、という問題点と合わせて記述問題として頻出しています。ほかには水牛を中心とするミルク生産が増加した「白い革命」があります。これも先述の需要拡大が理由のようです。

答 013

羊

解説

ニュージーランドでは人よりも羊が多いというのは有名ですが、実は隣国オーストラリアでもそれは同じです。数だけで言えばオーストラリアにはニュージーランド（約2500万頭）の2.5倍もの羊が生息しています。

国土が広く、また牛と違い短い草を食べるため、半乾燥地域でも育ちやすいことがオーストラリアで羊の数が多い理由です。

羊にはメリノ種、ロムニー種、コリデール種があり、メリノ種が毛用、ロムニー種が肉用、コリデール種は毛肉兼用とされます。

メリノウールはセーターや靴下によく使われていますね。

問014

農民が定住地を持っていることで遊牧と区別され、家畜の群れを季節に応じて移動させる、アルプスで見られる牧畜の形態は何でしょう？

問015

1958年に市制を施行するも相次ぐ炭鉱の閉鎖によって人口が減少し、現在日本の市で唯一人口が3000人を下回っている北海道の市はどこでしょう？

問016

溶鉱炉内において、コークスで鉄鉱石を還元して作られる、炭素を3〜4%含んだ不純物が多い鉄のことを何というでしょう？

問017

「東洋のマチュピチュ」と称される貯鉱庫跡などが観光スポットとなっている、愛媛県東部にあった銅山は何でしょう？

答014

移牧《いぼく》

解説

アルプスでは、冬はふもとの村の厩舎《きゅうしゃ》で家畜を飼い、春と秋には中間放牧地で、夏には高山放牧地で放牧します。定住地があると言っても人の拠点が完全に一つなのではなく、冬の間の飼料である干し草を収集するために、中間放牧地までは人の住居も設けられています。しかし大半の部分で家畜と人の動きは独立しており、家畜も人も一緒に移動する遊牧との違いに注意が必要です。

答015

歌志内《うたしない》市

解説

歌志内市という解答自体を知ることよりも、その背景を知ることが大事な問題です。炭鉱都市に大打撃をもたらしたのが、1960年のエネルギー革命であるということは重要な点です。エネルギー革命とは、発電用燃料の中心が石炭から石油に移った出来事を指します。千葉県の京葉《けいよう》工業地域を核として石油化学コンビナートを多く持つ首都圏が、鉄鋼業を中心とした阪神工業地帯に対して優位に立ったことが理由でもありました。北海道では、明治維新直後からその鉱産資源が注目され、特に戦後、本州に引き揚げた人が移住したことで1950年以降に人口が急増しました。原則として5万人以上の人口がないと市として認められないため、一時期は人口が多かったことを物語っています。似た経緯をたどった北海道の市に夕張《ゆうばり》市があり、こちらのほうが石狩《いしかり》炭田の中心地として繁栄したため、最盛期の人口も多く、市制が施行されたのも先でした。

答016

銑鉄《せんてつ》

解説

鉄はイオン化傾向も高く、鉄鉱石はFeO、Fe3O4やFe2O3という酸化鉄として産出します。これを還元するのが製鉄の中でも製銑と呼ばれる過程です。炭素の割合を2%以下に下げると鋼鉄（steel）と呼ばれます。また製鉄所で作られた鋼の総称を粗鋼《そこう》と言い、これを加工して鋼板や鋼管という部品を作ることを圧延《あつえん》と言います。製銑、製鋼、圧延の3工程をまとめて行うのが銑鋼一貫製鉄所と言い、効率が良いため技術の浸透にともなって中国で急増しています。

答017

別子《べっし》銅山

解説

別子銅山があった場所には、平成の大合併以前は「別子山村《べっしやまむら》」という村が存在していました。その外港である新居浜《にいはま》では非鉄金属関連業と化学工業プラントが発展しましたが、石油危機で石油の値段が上がったことをきっかけに、これらの生産は京葉地域でまとめて行われるようになり、新居浜などの地方鉱山を背景とした都市は衰退していきました。

東大入試では、化学・金属工業によって発展した日本の諸都市の人口変化から、都市名を決定する問題が出題されたことがあり、この解説に書いたようなやや細かい知識が要求されます。高校の地理Bでは日本地誌を扱わないため、中学の教科書も活用して内容を補完することが重要です。

問018

エスコンディーダやチュキカマタという大規模な露天掘り鉱山が位置し、世界で最も銅の産出量が多い国はどこでしょう？

問019

オーストラリアのウェイパが世界最大の産地である、アルミニウムの原料となる鉱物は何でしょう？

問020

ナウル共和国で1907年から採掘され同国の経済を支えた、マッチによく使われる元素記号Pの元素は何でしょう？

問021

リチウムやマンガンなど、工業需要はあるが埋蔵量が少ない金属を総称して何というでしょう？

答018

チリ

解説

両鉱山とも有名ですが、エスコンディーダは世界最大の銅採掘量を誇ります。また、両鉱山の外港であるアントファガスタはチリ第3の都市で、今は内陸国であるボリビアから19世紀後半に「太平洋戦争」で獲得したという歴史があります。この戦争でボリビアが勝利していたら、銅開発の利権、GDP、南米の勢力図が大きく変わっていただろうと思うと歴史の綾を感じます。日本にも別子のほかに足尾《あしお》、日立《ひたち》という銅山が有名で、銅の産出地は環太平洋造山帯に集中しています。

答019

ボーキサイト

解説

鉄鉱石や石炭と異なり、鉱物の名前と精錬して得る資源の名前が大きく異なっているボーキサイト。ラトソルでは土壌中のアルミニウムが豊富（第3章問36、P.76参照）なことから熱帯で主に産出されます。実際ウェイパもAw（サバナ気候）であり、産出量上位にはオーストラリアと中国のほか、ギニアやブラジルが名を連ねます。ボーキサイトに苛性ソーダを加えてアルミナ（Al2O3）を製造したのち、アルミナを電気分解することでアルミニウムを精錬します。後者の過程で大量の電気を必要とするため、アルミニウム精錬業は安価に電力が得られるところに立地します。アルミニウムの生産量は中国が圧倒的（56%）ですが、水力発電が盛んなノルウェー、それに加えて地熱発電が盛んなアイスランドも上位10ヶ国に入っています。

答 020

リン

解説

ナウル島は、サンゴ礁による浅瀬に海鳥の糞がたまり固化したという特殊な成因を持つ島です。この海鳥の糞が固定化したものをグアノと言い、肥料として用いられます。牛馬や人の糞と同じですね。これが時間をかけて変質するとリン鉱石になり、こちらがナウルで採掘されたのです。グアノとリンはなかなか結びつかないかもしれませんが、肥料の三要素が窒素・リン・カリウムであることから、生育した植物を食べた動物の糞にも含まれていることがわかるでしょう。この産業構造は明確なモノカルチャー経済であり、リン鉱石がほとんど枯渇してから経済は停滞しています。この楕円形で低平な島を領土とするナウル共和国は世界で3番目に狭い独立国としても知られます。鹿児島県の与論島《よろんじま》とほぼ同じ面積というのもよく聞く話で、最近ですとX（旧 Twitter）で積極的に情報発信をしているので一度覗いてみると楽しいかもしれません。

答 021

レアメタル

解説

似たような名称のレアアースは、決して「地球から取れる希少な物質」といった意味ではなく、周期表上の希土類を指します。つまり第3族の第4～第6周期の元素であり、有名なところだと磁石に使われるネオジムがあります。しかし、レアアースもレアメタルの一部であることは確かです。レアメタルは鉄や銅などのコモンメタルと比べると用途の数も少ないのですが、それぞれの用途から見ると替えが効かない金属でもあります。たとえば最近話題のリチウムイオン電池は、リチウムのイオン化傾向が非常に強く、少量で電力が大きい電池を作ることができるため成立するのです。レアメタルは火山活動の恩恵を受けやすく、海山の付近にはマンガン団塊、コバルトリッチクラスト（地殻）、レアアース泥があることからレアメタルの宝庫であることがわかります。このことが各国の海底探査技術革新を駆り立てており、排他的経済水域と延長大陸棚を巡る政治的攻防の一因にもなっています。

問022

アメリカ合衆国が石油産出量世界1位となった理由である、平らに堆積した頁岩《けつがん》にひびを入れ、その層の中にあった原油を取り出すことができるようになった技術革新は何でしょう？

問023

ロシアがヨーロッパに安定して石油を供給するために建設した、アゼルバイジャンのバクーからトルコのジェイハンまでを結ぶパイプラインは何でしょう？

問024

可燃性の炭化水素ガスを冷却し、圧力をかけて体積を減らすことで作られる、アルファベット3文字で「LNG」と略される鉱産資源は何でしょう？

問025

アイスランドとイギリスの間で漁業専管水域を巡って争った戦争を、その海域での主要な漁獲物から何というでしょう？

答022

シェール革命

解説

ロシアとサウジアラビアが産出量1位を争っていた石油の勢力図は、2015年以降のシェール革命によって大きく変わりました。アメリカ合衆国ではアラスカとメキシコ湾岸に油田が集中し、現在は水深の深い海底油田の開発が進んでいます。
海底油田は、広大な大陸棚の資源を使えるため魅力的で、技術の進歩によって現在進行形で開発されています。たとえばベトナム南部、ホーチミン市の沖合約100kmのところではバックホウ油田、ランドン油田という大規模油田があり、2010年にはリオデジャネイロ沖で従来のブラジル全体に匹敵する埋蔵量がある油田が発見されました。どちらも大都市に近いこともあって潜在的利用価値が高く、さらなる技術革新による石油産地の点在化が期待されます。

答023

BTCパイプライン

解説

BTCパイプラインは、バクー（Baku）から途中ジョージアの首都トビリシ（Tbilisi）を経由することと、ジェイハンのスペルがCeyhanであることからこう呼ばれます。
石油・天然ガスともに生産量が世界3位以内のロシアは、その輸出による外貨獲得が自国経済の発展に不可欠です。ロシアの石油は西シベリアのチュメニ油田で7割が生産されるほか、ヴォルガ・ウラル油田などカスピ海付近も一大産油地域となっています。そこで産出された石油をヨーロッパに運ぶには、アナトリア半島南部・地中海沿岸のジェイハンにパイプラインの出口を設け、そこから船で輸送するのが効率的というわけです。
なお、天然ガスのBTEパイプラインというものもあり、こちらはバクー、トビリシとトルコ北東部のエルズルム（Erzurum）を結んでいます。

答024

液化天然ガス

解説

天然ガスは産出された状況では当然気体なのですが、問題文中の処理を施すことで体積を600分の1に抑えることができるため、船舶輸送の際には液化天然ガスが用いられます。天然ガスを圧縮したもので、600倍の資源を運ぶことができます。一方、液体の状態を保つには-162℃という超低温環境が必要で、運搬中に何らかの原因で温度維持ができなくなると悲惨な爆発を引き起こします。造船業者が神経を使う部分の一つです。

天然ガスは、ほとんどがメタン（CH4）で、そのほかもプロパンやブタンなどC(n)H(2n+2)という化学式の気体です。つまり密度が小さい（軽い）ほか、硫黄《いおう》を含まないため燃焼しても公害を起こしにくいのが利点です。

答025

タラ戦争

解説

クイズでよく出る問題ですが、受験地理では例によってこの用語よりも原因と帰結を知ることが役立ちます。漁業専管水域とは、自国で水産資源に利用できる区域のことで、タラ戦争はアイスランドがこの区域を一方的に12海里（領海の基準）から200海里に拡張したことによって起こりました。この結果1982年の国連海洋法条約で、200海里の排他的経済水域が設定されました。EUは共通農業政策のほかに共通漁業政策を取っており、各種ごとの漁獲量を制限しているほか、漁業水域の他加盟国への開放を要求しています。広大な排他的経済水域を持っているノルウェーとアイスランドは、この政策に反発し、EUに入っていません。タラは寒海魚の代表格で、体も大きいため重要な水産資源です。アメリカのマサチューセッツ州には、付近にタラの好漁場であったことからコッド岬という岬があります。千葉県浦安市の某テーマパークにあるケープコッドというエリアのモデルでもあります。

問026

最も浅い部分の水深は17mである、イギリスとデンマークの間の北海中央部にある広大なバンクは何でしょう？

問027

シンガポールから南に約20kmのところに位置し、その近さを生かして複数の工業団地が立地するなど、近隣の自由貿易区の中心となっている、インドネシア、リアウ諸島に属する島は何でしょう？

問028

南東部の主要都市で造船が盛んであり、2002年に日本を抜いてから2010年に中国に抜かれるまで世界最大の造船量を誇ったアジアの国はどこでしょう？

問029

20世紀後半に輸出指向型工業が発展した「新興工業経済地域」のことを、アルファベット4文字で何というでしょう？

答026

ドッガーバンク

解説

バンクは、日本語では浅堆《せんたい》と言い、海洋中で水深が浅くなっているところを表します。必ずしも大陸棚の中にある必要はなく、水深2000mの日本海にある水深236mの大和《やまと》堆と北《きた》大和《やまと》堆も、一応バンクです。高校地理で登場するヨーロッパのバンクと言えば、ほかにグレートフィッシャーバンクや、アメリカのマサチューセッツ州南東部付近のジョージバンクという巨大なバンクがあります。水産業発達の自然条件には、潮目のほかに大陸棚とバンクがあります。どちらも陸地に近いため河口から供給された栄養塩類が豊富であり、また、水深が浅く日光が届きやすいため、光合成をする植物プランクトンが繁殖しやすく、食物連鎖によって魚も増えるという共通点があります。ここにあげた4つのバンクはいずれも潮目に位置するため、好条件が重なって世界有数の漁場を作り出しています。

答027

バタム島

解説

例によって固有名詞は覚えなくてもいいのですが、シンガポール周辺の工業を学ぶには象徴的な事例です。シンガポールは国土が狭く、首都圏に例えると東京23区と川崎市を合わせたくらいしかありません。その狭い国土で膨大な国内消費に耐えうるだけの製品を作るのには限界があります。そのため国際分業へのインセンティブが高く、マレーシア南端のジョホールバルとバタム島の東にあるビンタン島にも輸出加工区が設けられています。またシンガポール国内には、南西部にジュロン工業団地という東南アジア最古の工業団地があり、鉄鋼業や石油化学などの重工業が盛んです。なぜこんな単語を答えにしたかと言いますと、シンガポールがインドネシアにも近いという位置感覚を身につけてほしいという理由のほかに、バタム島の中心都市がナゴヤであり、奇しくも日本最大の工業地帯を背後に持つ都市と同じ名前だからです。

答028

韓国

解説

造船は日・中・韓で世界の93%を占めており、しかもその3国内でのシェアは各国が工業化した時代をおもしろいほどに反映しています。文中の「南東部の主要都市」とは蔚山《ウルサン》と釜山《プサン》を指します。中国では上海《しゃんはい》周辺と大連《だいれん》で、日本では今治《いまばり》市などの瀬戸内海で造船業が盛んです。

答029

NIEs（ニーズ）

解説

アジアNIEsと言った場合はシンガポール、台湾、香港、韓国を指すことが多いですが、国際機関などではないためこれだけとは限りません。ほかにはブラジルやメキシコが含まれ、大市場に近いことも重要な発展要因でしょう。かつてはNICsと呼ばれていましたが、特に香港と台湾は少なくとも国連加盟国ではなく、countryという単語は使いづらいのでしょう。今のNIEsは「newly industrialized economies」の略です。

問030

Question

かつては鉄鋼業や自動車工業が発展したが1970年代以降停滞へ向かった、アメリカ合衆国のうち北緯37度以北の地域を、南部の「サンベルト」に対して何というでしょう？

問031

1984年に沿岸部の14都市が指定され、1990年代には内陸部も追加指定された、企業の減税・免税とインフラ整備の強化という措置が受けられる中国の経済開放区は何でしょう？

問032

トルコ出身者が多数を占める、20世紀後半に高賃金の仕事を求めてドイツに流入した出稼ぎ労働者のことを、「客」と「労働者」を意味するドイツ語から何というでしょう？

答030

スノーベルト（フロストベルト）

解説

同地で産業が停滞した原因は、1970年代以降日本がアメリカ国内での自動車生産を始め、雇用・販売ともに競争に晒されたこと、サンベルトで石油化学工業や先端技術産業が発達し労働力が南に流れたこと、エネルギー革命により付近のアパラチア炭田から採れる石炭の需要が低下したことなど多岐にわたります。
なお、スノーベルトよりは若干狭い範囲ですが、ほぼ同じ意味の単語にラストベルトがあります。これはlastではなくrust（錆《さび》）で、使われなくなった工場や機械がさびついて見えることからその名が付いたようです。

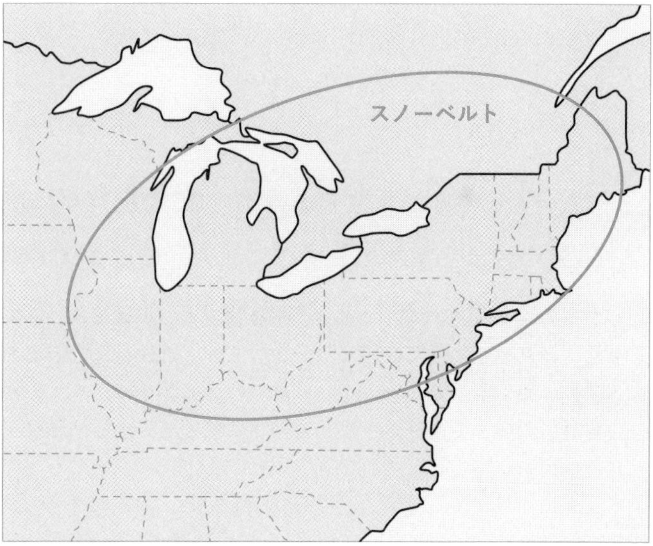

五大湖とスノーベルトの地図

答031

経済技術開発区

解説

経済技術開発区は、その優遇措置から経済特区に準ずる地域です。経済特区はアモイ、スワトウ、シェンチェン、チューハイ、海南《はいなん》島《とう》の5つしかなく南部の沿岸部に集中していますが、経済技術開発区は新疆ウイグル自治区のウルムチなど内陸部を含め全国各地に分布しています。指定年を見ると、中国の工業誘致政策のターゲットが沿岸部から内陸部に移ったという西部大開発との共通点を見ることができます。

答032

ガストアルバイター（Gastarbeiter）

解説

決してファミレスで働く人のことではありません。厳密には1955年から73年までの間に、ドイツが各国と結んだ協定に基づいて、トルコ、ユーゴスラビア、ギリシャなどから移住した労働者を指します。英仏と異なり人口の多い地域に植民地を持たなかったドイツは、このような協定に頼ってでも労働力を集める必要があったとも言えます。

ドイツはイギリスに比べて工業化が遅れましたが、1871年に統一帝国ができて以降急速に工業化し、戦後には西ドイツが世界2位のGDPを持つまでに発展しました。人口も多かったのですが、それでもプル要因が卓越したため、ヨーロッパの複雑な人口移動の大きな一角を担っています。

問033

後の工程で、部品を使った分だけ前の工程に引き取りに行くことで、必要なものを必要なときに必要な量だけ生産することができる、トヨタ自動車が開発した生産方式は何でしょう？

問034

20世紀初頭には帷子川《かたびらがわ》沿いに日本硝子《がらす》をはじめとする数々の工場が立地した、関東地方の都市はどこでしょう？

問035

世界第2の石油化学クラスターが広がっており、1920年には夏季オリンピックが開催されたベルギー北部の都市はどこでしょう？

問036

中部電力・東北電力の「上越《じょうえつ》」やJERAの「富《ふっ》津《つ》」「鹿島《かしま》」にある発電所の形態は何でしょう？

答033

ジャスト・イン・タイム方式

解説

ジャスト・イン・タイム方式は、一企業が開発した生産方式ではあるのですが、自動車のように工程が多い製造業においては革命的なシステムであり、注文を受けてから出荷までの期間を短縮できるほか、在庫の過剰蓄積を抑えることができます。
自動車産業は、部品生産会社と組み立て会社が近くにあるほうが、部品の融通に輸送費をかけなくてすむ、という集積指向型工業です。集積の利益はあくまで経済地理学の概念ですが、円滑な対面コミュニケーションの存在やそれによる技術革新の創出という、定量化しづらいメリットもあります。

答034

横浜市

解説

帷子川は横浜市旭《あさひ》区から東に流れ、同市西区の横浜駅付近で東京湾に流れる都市型河川です。道路網はもちろん、鉄道網も郊外には発達していなかった20世紀初頭には、川の水運が重要視されていました。そこで、ビール工場や紡績工場など消費地に近いことを指向する工場は、都市に近く原料と産品の運送に便利で工業用水を利用しやすい河川沿いに立地しました。東京の恵比寿ガーデンプレイスが、かつてビール工場であったことは有名です。現在は、周辺が宅地化し、河川の水質基準が厳格化したことにともなって、多くの工場は郊外、あるいは都市圏外の高速道路沿いに移転しています。ただし同じ横浜市でも、鶴見川《つるみがわ》沿いには多くの工場があります。鶴見川は帷子川より大きく、河川の沿線利用は川の規模に依存すると言えそうです。2022年の東大入試では、千葉県柏《かしわ》の葉《は》キャンパス周辺の地形図が出題されており、都市部の地形図も見ておいたほうがいいでしょう。

答035

アントウェルペン（アントワープ）

解説

ベルギーは、北部にアントウェルペン、ブリュッセル、ブルッヘ（ブリュージュ）などの都市や重要な貿易港が集中しています。現にアントワープ港はロッテルダム港（あの「ユーロポート」です！）に次いで、コンテナ取扱量がＥＵ域内で2位になっています。一方南部では、ベルギー炭田の閉山以降、工業が衰退し、南北格差が深まりました。のちに述べるイタリア（第5章問1、P.140参照）やメキシコ（第6章問4、P.162参照）とともに、奇しくもいずれも北が優位となった国内南北格差の原因を覚えておきましょう。ベルギーでは、北部ではオランダ語系のフラマン人、南部ではフランス語系のワロン人が分布していますが、ブリュッセルは両言語共同使用地域となっています。ワロンWallonとはケルト人、のちにロマンス諸語話者を指す言葉で、イギリスのウェールズ（Wales）や、ルーマニア南部の地域ワラキア（Wallachia）と同語源です。

答036

火力発電所

解説

火力発電所は、化石燃料で水を沸騰させ、その蒸気でタービンを回す発電方法です。その過程で冷却水を必要とするため、海に面して立地します。同じく臨海立地の原子力発電所と比べると、日本では発電量の主力を担うほか、事故による危険性も小さいので大都市の近くに立地します。東京近郊の火力発電所の多くは、広《ひろ》野《の》（福島県）や常陸《ひたち》那珂《なか》などの太平洋岸と、川崎など湾内の石油工業地域近傍にあります。灯台で有名な横須賀《よこすか》市の観音崎《かんのんざき》からは東京湾の入り口（浦賀水道《うらがすいどう》）が見通せるほか、対岸にある富津、袖ケ浦《そでがうら》の火力発電所まで見ることができ、両発電所の巨大さを感じます。

問037

アメリカ・サンフランシスコ湾の最奥部に広がるカリフォルニア州第3の都市で、コンピューター企業が集積しシリコンバレーの中心となっているのはどこでしょう？

問038

ソフトウェア企業の集積によりインド南部での先端技術産業の中心地となり「インドのシリコンバレー」と呼ばれる、デカン地方の都市はどこでしょう？

問039

デパートで買う装飾品や量販店で買う家電が該当する、購入頻度が低く、専門店で計画的に購入する商品のことを何というでしょう？

問040

大阪府泉《いずみ》佐《さ》野《の》市にあるJR西日本・南海電鉄の駅名と、愛知県常《とこ》滑《なめ》市にある名古屋鉄道の駅名に共通して用いられている、ある交通施設に近接していることを示す、かな4文字の言葉は何でしょう？

答037

サンノゼ（San Jose）

解説

Apple社の本社があり、iPhoneの天気予報ではデフォルトで表示されるクパティノ（Cupertino）もサンノゼの近くです。カリフォルニア州の都市の人口は1位がロサンゼルス、2位がメキシコとの国境の町サンディエゴで、有名なサンフランシスコは第4の都市でしかありません。サンフランシスコは丘陵の街であり、太平洋と湾に両側を囲まれていることから可住地も広くはありません。
また、同州は1848年までメキシコの一部であった歴史を持ち、スペイン語由来の都市名が多いほか、ヒスパニック（いわゆる肌の色ではなく、スペイン語を話すことで区別）も人口の40%を占めます。San Joseのjがhの発音になるのも、直前のnと同化するのもスペイン語らしいですね。

答038

ベンガルール（バンガロール）

解説

ベンガルールはカンナダ語という現地語での名前で、それが英語風に訛ったのがバンガロールです。市は2006年に公式呼称をベンガルールに変えましたが、日本の地理の教科書、地図帳を含め多くの媒体でバンガロールという表記が未だ一般的です。字数も同じですし記述ではどちらを書いてもいいと思いますが、このようなヨーロッパ言語から現地語への地名変更はアフリカ南部のバントゥー諸語圏でも見られ、21世紀のトレンドとも言える現象です。
インドの住民は英語話者も多いためコールセンターが多くできたという話は有名ですが、それらの多くはデリー周辺にあります。バンガロールは、Infosys Technologyという有名なソフトウェア企業の創業地でもあります。インド南部でIT産業が盛んな都市はほかにチェンナイとハイデラバードがあります。

答039

買い回り品

解説

対応する概念は最寄り品で、こちらは食品など日常的に購入する商品を指します。自分の家の最寄りのコンビニまたはスーパーで買うことが多いですね。買い回り品も最寄りのデパートで買うと言ってしまえばそれまでですが、値段が高く購入頻度は低いため、複数の店舗を見て回って買うのが特徴です。買い回り品を売る地域は商圏が大きく、都市圏であれば急行が止まる大きな駅、地方であれば都道府県庁所在地やそれよりも一段階小さい圏域（自治体の広域連携で登場する）の中心地が該当します。

1970年代以降はモータリゼーションが進展したことでロードサイド型のスーパーマーケットとショッピングセンターが増加し、それらは最寄り品と買い回り品をどちらも扱う傾向があるため、かつてのように街に出かけて買い物をすることは少なくなりました。

答040

りんくう

解説

これはただの鉄オタ問題ではありません。発電所や石油化学コンビナートなどが海に面して立地することを臨海立地と言いますが、同様に臨空港立地（臨空立地）も存在します。具体的には羽田クロノゲートや東京流通センターといった物流施設のほか、IC(集積回路）産業、光学機器などの精密機械産業といったように、空港からの輸出が想定された産業が集積しています。

なお、問題文中にあげた駅は前者がりんくうタウン駅、後者がりんくう常滑駅であり、どちらも本州から飛び出した形で埋め立てられた土地に大規模ショッピングモールが立っています。都市部から離れた地域にあるため都市圏内圏域の拠点として付近での需要の受け皿となっているほか、空港自体を観光の目的地にするという（少なくとも名古屋鉄道の）計画に沿った立地でもあります。

問041

新潟東港、仙台港、苫小牧港など、陸地を削って海の一部にすることで作った港を何というでしょう？

新潟東港

問042

日本の貿易港のうち、2022年の輸出額、輸入額がともに1位であるのはどこでしょう？

問043

海域の氷が減少したことで活用可能性が見出された、ヨーロッパと東アジアを結ぶ新たな航路は何でしょう？

答041

掘り込み港《こう》

解説

船舶の停泊と荷物の積み下ろし、人の乗降に適するように自然の海岸線を改変する行為を築港《ちっこう》と言います。これには細長い地形が必要で、ゆえに埋め立てのイメージが強いと思います。これは平地に乏しい日本で市街地を確保するためには当然考えられる方法で、東京―横浜、大阪―神戸、名古屋、福岡の大都市で顕著です。裏を返せば、市街地に対して平地が十分にあれば特に埋め立てをする必要もなく、土砂を持ってくる先の山地が遠くなるので埋め立てのデメリットのほうが大きくなります。掘り込み港はそういったところでよく見られます。

問題文中にあげたもののほかには茨城県の鹿島港が掘り込み港として有名です。外洋に面し沿岸流が強い地域に建設された港も多いため、築港の際には砂丘を切り開くという大変な作業をともないました。なお写真は苫小牧港で、2022年の共通テストに出題された地域でもあります。

答042

成田空港

解説

意外に思われたでしょうか。空港も「貿易港」に含まれます。航空輸送は船舶輸送に対して輸送できる量が少なく、軽くて鮮度が求められる花卉《かき》や軽薄短小なICチップ、医薬品などを主な貿易品目としています。その中で日本は医薬品の輸入が多く、電子部品の輸出が多いようです。これらの品目はキロ単価が高いため、空港では取り扱い額が取り扱い重量と比べて高くなる傾向にあります。その中でも成田空港の巨大な需要は、北関東工業地域と京浜工業地帯での高レベルな技術力および研究開発力に裏打ちされた生産をバックにしていますので、特に貿易額が大きいのです。統計による推測、穴埋め問題で貨物の取扱量や品目は頻出問題です。旅客の利便性が高く、国内線が多く就航している羽田空港と比べて成田は貨物自体の比重が大きいことも覚えておきましょう。

答043

北極海航路

解説

ヨーロッパから東アジアへ海を通っていく場合、地中海→スエズ運河→紅海→マラッカ海峡→東シナ海という航路が一般的です。しかし、それゆえソマリア沿岸やマラッカ海峡には海賊が出没し、高いリスクが存在します。ベーリング海峡を通過する北極海航路を使えば、移動距離を約6割に短縮できるため、期待が高まっています。現に地球温暖化の進行は特に高緯度地域ですさまじく、すでに夏季には北極海航路が利用されています。この航路にも新しい海賊が沿岸に出現する可能性もありますが……。

ネグロ川が本流に合流する地点に位置し、フリーゾーンが設定されたことで工業進出が加速した、アマゾン盆地で最大の都市はどこでしょう？

問045

西部大開発の一環として2006年に全通した、中国のシーニンとラサを結ぶ鉄道は何でしょう？

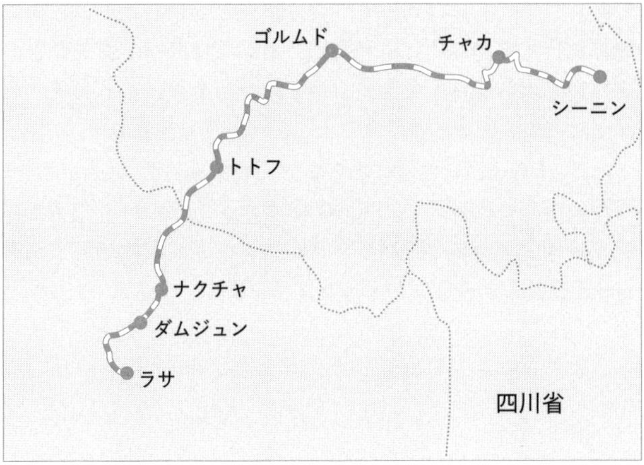

Answer

答044

マナウス

解説

アマゾン地域においては、自動車や飛行機という代替交通手段が発達した現在でも、内航水運は重要な役割を担っています。さらに上流には、ペルーのイキトスなど飛行機で行くのが難しい都市もあります。逆に言えばそういう都市が発達したのは、河口からそこに行くまでの間に滝がない、もしくはあっても滝の上の拠点まで行く代替ルートを建設しやすいためです。これは滝が多く西洋側からの「探検」が遅れたナイル川とは対照的です。

しかし、そのように水運に恵まれたアマゾン盆地、およびボリビア、ペルーも含めたアマゾン川流域の内陸部で人口が100万人を超えているのはマナウスしかありません。ブラジルが内陸部と沿岸部の格差を是正したかったのもうなずけます。

答045

チンツァン鉄道（青蔵鉄道）

解説

シーニン（西寧）は中国西部の青海省の省都、ラサ（拉薩）はチベット自治区の首府です。チベット自治区は中国語では西蔵と書くのですが、日本語読みでは同じ「せいぞう」でも、青海と西蔵から1文字ずつとって青蔵鉄道であることに注意しましょう。

西部大開発は、内陸部と沿岸部の格差解消を目的に開始されました。青蔵鉄道とともに、以下の3つの主要プロジェクトがあります。

◎南水北調…長江流域の水を降水量が少ない北部に送る

◎西気東輸…西部、特に新疆ウイグル自治区の天然ガスをパイプラインで東部に送る

◎西電東送…西部で発電された電気を東部に送る

というように、核となるのは内陸部のインフラ整備なのですが、同時に北部・東部に利用する資源開発をしているのです。

なお、中国の通貨・人民元の最高額である100元紙幣には、人民大会堂（日本の国会議事堂にあたる場所）が描かれていますが、50元紙幣の裏にはラサにあるダライ・ラマの宮殿、ポタラ宮が描かれています。多様な文化を包摂する中国の広さを紙幣でも表現したと言えるでしょう。

問046

地方での新幹線と高速道路網の整備により加速している、人口が小規模都市から地方の拠点都市に集中する現象は何でしょう？

問 047

交通手段別の貨物の輸送量を表すのに使われる、重さと距離を掛け合わせた単位は何でしょう？

問 048

黄河《こうが》の水運を頼りに毛皮や漢方薬の集散地として栄え、中国の内モンゴル自治区で最大の人口を有する都市はどこでしょう？

答046

ストロー効果

解説

ストロー効果は、札幌、仙台、広島、福岡という地方中枢都市への流入で顕著に見られます。これはストローのように人口が吸い上げられることに名を由来し、実際、都市間の「気圧」、すなわち有効求人倍率や賃金などのプル要因が違うことからも、言い得て妙な名前です。というのも、由来はある政治家が東京を自分に、大阪をコップの水に、新幹線をストローに例えたことであり、このように大都市間であってもその中心性に差がある都市なら多様なスケールで使われる用語です。

たとえば北海道では地方の人口減少が著しく、炭鉱都市は言うまでもなくそれ以外でもJRの路線が次々に廃線になっています。しかし、札幌市は2019年10月から2023年1月まで40ヶ月連続で推計人口197万人台をキープしていました。このように人口減少著しい地方でも中心都市では減少率が緩いかあるいは人口が増加していて、北海道では札幌市ほどではないものの、帯広《おびひろ》市や旭川《あさひかわ》市といったより狭い地域の拠点都市でも人口減少率は緩やかなものになっています。

Answer

答047

トンキロ

解説

この単位は、入試問題に使われる統計資料でたびたび目にします。「キロ」は鉄道の「営業キロ」よろしくキロメートルの略です。SI接頭辞のみを別の次元の単位と組み合わせることの妥当性はともかくとして、燃料の消費量はだいたいこの値に正比例するので、環境に対する影響と運送業者の採算性を考える上では重要な指標です。具体的には飛行機だと小さく、国際海運だと大きくなります。旅客輸送なら人キロという単位があり、鉄道輸送がアメリカ合衆国とロシアでは貨物輸送に偏っており、日本では旅客輸送に偏っていることを示すグラフでよく見ます。

答048

パオトウ（包頭）

解説

パオトウは牧畜地域と農耕地域の境界にあたり、そこで集積された物資は、古くは黄河を通って、現在は鉄道を通って北京をはじめとする中原《ちゅうげん》へ送られました。そのほか、付近で鉄鉱石、石炭、レアアースが産出されることから鉄鋼コンビナートが立地しています。

このあたりの黄河が北に大きく湾曲している部分はオルドスと呼ばれ世界史でも頻出します。北方遊牧民と漢民族が支配権を争った場所であり、現在はモンゴル族が名目上のトップにある内モンゴル自治区に組み込まれています。同自治区は基本的には砂漠地帯ですが、パオトウから西の黄河に沿った部分と、パオトウから北京へ延びる高速鉄道の沿線には人口が集中し、中国における人口の偏在を垣間見ることができます。

MEMO

05

政治・社会

問001

「メゾジョルノ」と呼ばれる南部と北部の間で経済格差がある、南北に細長い南ヨーロッパの国はどこでしょう？

問002

ベトナム語で「刷新」という意味を持つ、1986年にベトナムで提起され、経済の開放と社会主義型市場経済への転換をめざした政策は何でしょう？

問003

共産主義時代に多数のベトナム人が移住し、現在もサパというベトナム人街がある、ドナウ川沿いに形成されたチェコの首都はどこでしょう？

問004

2019年には世界陸上が、2022年にはサッカーワールドカップが開催された、アラビア半島の東にある国は何でしょう？

答001

イタリア

解説

イタリア北部には、ミラノやトリノなど商工業が盛んな都市や、湾奥部の港湾都市ジェノヴァが位置し、自動車工業、機械工業、鉄鋼業、造船業など重工業が発達しました。ここであげた3都市は「鉄の三角地帯」と呼ばれ、その発展ぶりは、「ブルーバナナ」と呼ばれるメガロポリス地域に含まれていることからもうかがえます。一方、南部はタラントの鉄鋼コンビナートを除けば重工業が盛んとは言えず、地中海式農業やローマ時代の遺構を資源とする観光業が主な産業となっています。このように北部の発展から取り残された地域からは、ドイツなどヨーロッパ中央部の工業地帯へ出稼ぎに行く者も多くいます。イタリアには、ミラノからナポリまでを南北に結ぶ「アウトストラーダ・デル・ソーレ」という高速道路がありますが、これも南北格差を是正するために通されました。おおむね中国の西部大開発と同じ趣旨と言えます。

答002

ドイモイ

解説

早押しクイズでは「ベトナム語で『刷新』」で必ずボタンを押されるドイモイです。画期的なものとしては、それまで集団化されていた農業を、個人で収入を得られるようにした「生産請負制」という制度がありました。その結果、作物を作れば作るほど儲《もう》かるようになったため、農民の生産意欲が向上し、品種改良によって生産性も向上しました。特に米やコーヒーなどの輸出作物は、主要な外貨獲得源であるため、政府も栽培を奨励しました。

経済面でも外国企業の投資を拡大するなどの政策をとった結果、1990年から2019年まででGDPが40倍（年率13%）というすさまじい経済成長を遂げました。このように経済的には資本主義を取り込んだベトナムですが、政治的には今も共産党の一党独裁が続いています。

答003

プラハ

解説

人が移住する国を決める要因にはさまざまありますが、政体が母国に近く適応がしやすい（そして迫害を受けない）、母国との外交関係が良好であるというのも大きな理由です。それが顕著に表れているのがプラハに移住したベトナム人です。1989年までチェコスロバキア共和国は旧ソ連にも近く社会主義体制であり、プラハにいるアジア人でチェコ語を話している人はだいたいベトナム人、というくらいです。

答004

カタール

解説

カタールは8万ドルという高い一人あたりGDPを誇ります。アラブ首長国連邦と共通する特徴は、国土の大部分が砂漠で可住地が狭いことから人口は多くなく（カタール270万人、UAE940万人）、産油国であるため一人あたりGDPが高くなる、という点です。問題文の前半でスポーツイベントについて書きましたが、これらのイベントの開催には十分な経済力と政治の安定（治安の良さ）が求められます。その点カタールは政府収入が潤沢であるほか、イスラエル・パレスチナ問題とアフガニスタンの政変で仲介の役割を担うなど、混沌《こんとん》とした中東情勢の中でどちらかの勢力に著しく接近しないスタンスをとっています。このことはアラブでは比較的中立的とされるテレビ局「アル・ジャジーラ」の本社がカタールにあることからもうかがえます。

問005

1999年に制定された地方分権一括法により始まった、2000年代に全国で市町村が吸収や再編成を繰り返した出来事を、当時の年号を使って何というでしょう？

問006

ごみ処理場や原子力発電所に対してされる、施設自体の必要性は認識しているものの、自分の住む地域の近くには作ってほしくないという主張を、アルファベット5文字の略称で何というでしょう？

問007

新庄《しんじょう》市を中心都市とし、肘折《ひじおり》温泉などの温泉地や出羽《でわ》山地を貫く川下りが人気を集める、山形県の地域はどこでしょう？

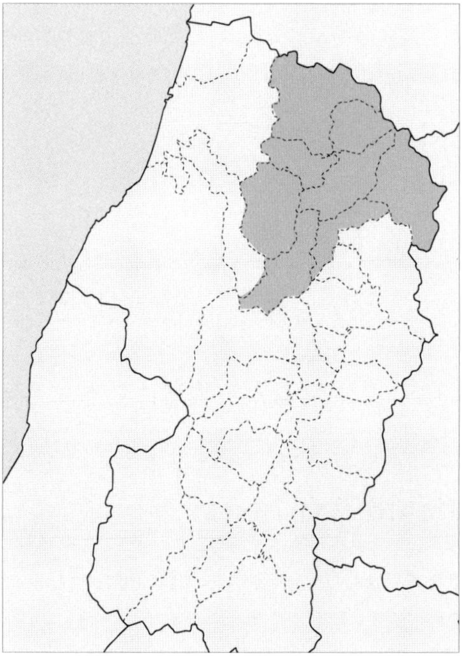

答005

平成の大合併

解説

平成の大合併は、地方分権を進めるには、自治体が財政面で効率的でなければならないという考えのもと、主に人口が希薄な山村の自治体を、平野部の都市自治体が吸収する形で行われました。
吸収された自治体では、行政サービスが希薄・不便になる、公共料金を独自に改定することが難しくなる、などの問題があります。
これにより1995年に3200以上あった市町村は、2010年には1730に減少しました。特に「町」「村」の消滅が著しく、みなさんがお住まいの地域でも、かつての町村名が書かれた看板が見つかるかもしれません。

答006

NIMBY

解説

Not In My Backyardの略で、どこかにあってほしいが自分の裏庭にはやめてくれという意味です。
純粋な環境に対する負担だけでなく、その地域に対し負のイメージを抱かせるという点で、刑務所、葬儀場なども該当します。
「事故物件」という概念に見られるように、過去の営為が幽霊のように現在にも生きているのではないかという考えを織り込んだ地理学のことをspectral geographyと言います。都市計画でたまに言及される「地霊」という言葉もその考えと通底するものがあるでしょう。

答007

最上《もがみ》地域

解説

競技クイズでは、「○○県を大きく4つ／5つに分けると、xx、xx、xxとどこでしょう？」という問題も多いので覚えている方もいるのではないでしょうか。
受験において個別の観光地を覚えることの重要度はそれほど高くありませんが、地形図の読み取りの時には地名から都道府県名を推測する必要が出てくることもあります。都道府県が公式サイトで県内をいくつかの地域に分けていることは多く、それらは同一河川の流域にある、同じ盆地に位置する、など地形的特徴を共有していることが（特に大都市圏外では）多々あります。さらに地方では、この最上地域のように一つの地域に一つしか市がない場合や、わかりやすい中心都市がある場合も多く、ロードサイド型のネットカフェなど中程度に専門的な店舗を探すと自ずと地域の中心がわかるというおもしろさもあります。
2016年の東大入試では山形県鶴岡《つるおか》市の合併の問題が出題されました。地理的には離れていても同一の商業圏を有する場合は広域合併の可能性が高くなるのですが、県境という共有された境界がないところにどう境界を引くか、ということには往々にして恣意性が表れやすいこともわかります。

問008

ジュセリーノ・クビチェック大統領の指揮の下建設され、1960年にリオデジャネイロから遷都された、現在のブラジルの首都はどこでしょう？

問009

通貨「ボリバル」が近年まれに見るインフレーションを記録した、南アメリカの国はどこでしょう？

問010

国の経済的豊かさを表す指標として頻繁に用いられる、ある国の中で1年間に生産された付加価値の合計をアルファベット3文字で何というでしょう？

問011

世界最大の鉄鋼メーカー、アルセロール・ミッタルの本社があり、一人あたりGDPが13万ドルと世界一であるヨーロッパの小国はどこでしょう？

答008

ブラジリア

解説

ブラジルでは、リオデジャネイロやサンパウロなどの歴史ある大都市が集まる沿岸部と、カンポセラードとよばれる草原・サバナが広がる内陸部の間の経済格差が問題となってきました。クビチェック大統領は、この格差を是正するために内陸部の開発を推し進め、その象徴としてブラジリアに首都を移転しました。ほかに首都として建設された都市をあげると、OECD諸国ではアメリカ合衆国のワシントンD.C.(1790年設立)やオーストラリアのキャンベラ(1913年建設開始)、発展途上国ではミャンマーのネーピードー(2006年移転)があります。いずれの都市もその国の最大都市とは人口差が顕著なのが特徴です。首都機能移転のメリットには、一極集中構造と公害の深刻化を緩和するほか、自然災害のリスクを下げることがあります。これは、旧来の首都は大河川の流域や沿岸部に立地することが多いためです。

答009

ベネズエラ

解説

南アメリカではボリビアでも急なインフレーションに見舞われたことがありました。ほかにインフレーションで有名なのは「100兆ドル紙幣」が発行されたジンバブエですが、いずれも発展途上国であり、先進国や世界銀行からの資金援助に頼っているという背景があります。政府支出が増大すると政府はそれを通貨価値の切り下げ(デノミネーション)と紙幣発行の増加によって賄おうとし、その結果市場の貨幣の量が急増してインフレーションが起こります。なお、この通貨は南米北部の独立の父シモン・ボリバルに由来するのですが、デノミネーションにともなってボリバル・フエルテ、ボリバル・ソベラノ、ボリバル・デジタルと名前を変えています。端から見ているぶんにはおもしろいのですが、政府も国民もどの「ボリバル」を使っているのかわからなくなるなど大いなる混乱が起こっているようです。

答010

GDP

解説

GDP(国内総生産) とGNP(国民総生産) の違いは重要ですが、日本では両者の差があまりないためさほど意識しなくても生活が送れてしまいます。GDPはGross Domestic Product、GNPはGross National Productの略で、GDPは国内で外国人が生んだ付加価値を含み、GNPは海外で邦人が生んだ付加価値を含みます。この区別は暗記するものではなく、nationに国民という意味があることから導きましょう。たとえばカナダでは先住民のことをfirst nationと言います(アメリカ合衆国でnative Americansと呼ばれることと対比させてパラレルクイズで頻出します)。また、アダム・スミスの有名な書籍『The Wealth of Nations』は、『国富論』とも『諸国民の富』とも訳されていますね。

答011

ルクセンブルク

解説

クイズではベネルクス3国を北から順に答えさせる列挙問題として出されることも多いです。国名にある「大公国 Grand Duchy」というのは公爵の一段階上の貴族である大公が君主を務める国という意味で、大きい公国という意味ではありません。実際、面積は2586平方キロメートルと狭く、神奈川県と同じくらいです。そんなルクセンブルクは法人税が軽く、政治的にも安定しており、企業が投資に対する動機づけを与えていることなどから、鉄鋼業、金融業、データセンターが集積し高い経済力を有しています。ドルでのGDPは国内の経済状況に加え、当然為替レートにも影響を受けるので変わりやすいのですが、IMFの統計によるとルクセンブルクは1993年から1位を譲っておらず、驚異的な実績と言えるでしょう。しかし面積は狭く人口も小さいため、あまり量としての(一人あたり、面積あたりではない)統計の上位には登場しません。

マイン川に面するドイツ・ヘッセン州の都市で、ドイツの経済と金融の中心地であり、特に欧州中央銀行の本部があることで知られるのはどこでしょう？

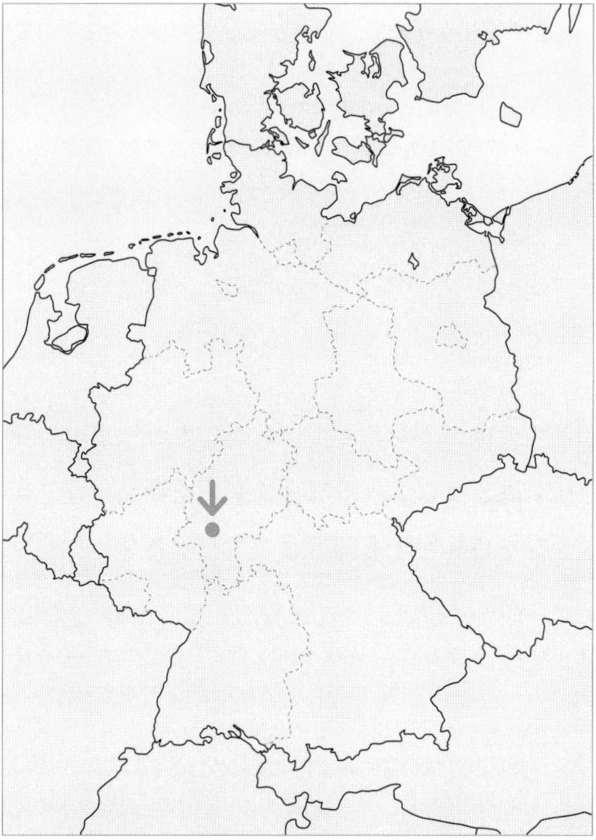

問013

ドルに対して円高をもたらし、バブル景気の遠因ともなった、1985年にニューヨークのホテルで結ばれた為替に関する合意は何でしょう？

問014

かつてはグルジアと呼ばれていたが、反ロシア感情の高まりにより呼び名の変更を要請した、トビリシを首都とする国はどこでしょう？

答012

フランクフルト

解説

受験で重要な情報は問題文の後半に詰まっているのですが、紛らわしいのはヘッセンとエッセンです。ルール工業地帯のエッセンもフランクフルトと同じくライン川の支流にありますが、こちらはノルトライン＝ヴェストファーレン州にありヘッセン州にはありません。また、この都市の正式名称「フランクフルト・アム・マイン」は「マイン川沿いのフランクフルト」という意味で、同様の名称はオーストリアのブラウナウ・アム・イン（ヒトラーの出身地）、イギリスのNewcastle-upon-Tyne, Stratford-upon-Avon, Southend-on-Seaなどたくさんあります。位置関係がわかりやすいので便利ですね。

ドイツは、1870年代の統一帝国の形成、政府主導の近代化・工業化、第二次世界大戦での歴史と戦後処理、戦後の急速な経済成長というように、日本と似た歴史を持ちます。それだけでなく、人口・GDPのどちらもヨーロッパで一番日本に近いです。このせいか東大はドイツの地誌が大好きであり、多くの分野で両者の共通点と相違点を述べる問題が出題されます。東大以外を受ける方も、日本との類似性と欧州内での役割を考えると、ドイツに対する理解はいくらあってもいいと思います。

答013

プラザ合意

解説

それまで日本企業はアメリカ合衆国に対して輸出額が輸入額より過度に大きく、貿易摩擦が起こり、合衆国内では日本車の非買運動が起こるなど、好ましくない国際関係がありました。この合意で円高が進み、輸出企業は不利になり、日本企業はアメリカ国内に生産拠点を移しました。これは、賃金をドルで支払うことができる上、現地の雇用を創出できるため、対企業感情も好転するであろうという理由からです。
経済学部も入試の地理もなぜか文系に区分されているせいか、このような経済・為替関係の問題は受験地理によく出ます。
内容を混同しやすい為替関係の合意にスミソニアン協定がありますが、これは1971年に結ばれ、変動相場制から固定相場制への回帰を図った協定です。日本に対しては、昭和中期の代名詞ともいえる1ドル360円の時代が終わり、1ドル308円になるという変化で知られています。

答014

ジョージア

解説

ジョージア国内では、南オセチアとアブハジアというロシアと国境を接する地域が独立を求めており、2008年には国内の軍事衝突にロシアが介入する事件が起きました。これ以来ジョージアはロシアと国交を断絶し、ロシア語読みのグルジアという呼称を使わないように各国に要請したのです。日本は2015年に呼称を変更しました。当時大相撲で活躍していた元大関の栃《とち》ノ《の》心《しん》はジョージア出身で、缶コーヒーのジョージアを愛飲するなど、国名の定着に一役買った感があります。

MEMO

06 国際関係

問001

NATOやEUの本部が位置し、「ヨーロッパの首都」とも称される、ベルギーの首都はどこでしょう？

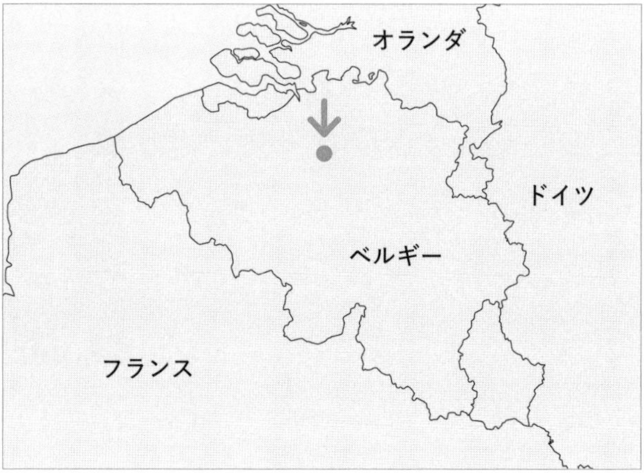

問002

1968年にサウジアラビアなど3ヶ国により設立された「アラブ石油輸出国機構」のことを、アルファベット5文字で何というでしょう？

問003

2000年前後から経済成長が著しいブラジル、ロシア、インド、中国、南アフリカ共和国の5ヶ国を、その頭文字から何というでしょう？

答001

ブリュッセル

解説

EUにはパリやベルリンという大都市がある中、なぜブリュッセルに本部があるのか不思議に思われるかもしれません。これにはEU形成に至るまでの歴史が深く関わっています。
EUの起源をさかのぼると、1952年に結成されたECSC(ヨーロッパ石炭鉄鋼共同体)に行きつきますが、実はこれ以前の1948年にベネルクス3国関税同盟が発効しており、このようにベネルクス3国(Benelux, つまりベルギー、オランダ、ルクセンブルク)は欧州統合で長きにわたり中心的な役割を担ってきたのです。
ブリュッセルはパリ、アムステルダム、ロンドン、旧西ドイツの首都ボンなど、ヨーロッパ主要国の首都から均等にアクセスがしやすかったことも、EUの本部が置かれた理由のひとつでしょう。
このほか、欧州議会の本部はフランスのストラスブール、ヨーロッパ中央銀行(ECB)の本部はドイツのフランクフルトにあります。やけにドイツとフランスの中間地点が多いとは思いませんか。ベネルクスに加えて西ドイツ、フランス、イタリアが加盟したECSCは、独仏対立の原因となってきたルール地方とザール地方の鉱産資源を共同管理することを第一の目的としていました。このように地域間の連携を促進し対立を抑える必要がある欧州統合において、その中心機関はゲルマン諸語とロマンス諸語の分布域の境界上に位置しているのです。

答002

OAPEC

解説

「石油輸出国機構」のOPECは有名であり、アルファベットだけ見ると間違えやすいですが、相違点は多くあります。まずOPECは地域を限定していないため、イラン（ペルシア語が公用語）、ベネズエラ、ナイジェリアというアラブ圏以外の主要産油国が名を連ねます。一方OAPECにはOPECに加盟していないシリアとエジプトが入っています。OAPECがOPECの部分集合ではない、というのはミクロな話ではありますが、1973年の第4次中東戦争ではイスラエル側に対する原油の輸出を禁止するなどアラブの共通利益（と各国指導部がみなしているもの）に向けて動いた歴史があります。そもそも1968年とは第3次中東戦争の翌年であり、アラブ民族主義が高まった時期でもあります。このあたりはむしろ世界史の話ですが、原油の輸出状況がいかに政情に影響されるかは地理でも重要な点です。

答003

BRICS

解説

「新興」工業経済地域であるNIEsよりもさらに新興ですが、現在の世界工業を牽引《けんいん》しているのはBRICSと言っても過言ではないでしょう。南アフリカ共和国を除くと各国が巨大な国内市場を持っていることも特徴で、さらに各国とも石炭、鉄鉱石、石油、レアメタルの産出が多いことも特徴です（レアメタルは特に中国で産出量が多い）。
BRICSはASEANのような同盟ではないものの、実際に毎年首脳会議を行っています。sが大文字になったのも、南アフリカ共和国がこの首脳会議に参加したからです。

問004

以前の協定と比べて自動車の原産地規制などが強化され、2020年にNAFTAに代わって発足した貿易協定を、アルファベット5文字で何というでしょう？

問005

1992年にオランダで締結された、共通の外交・安全保障政策を持つことと統一通貨の発行を定め、EUの成立を決めた条約は何でしょう？

問 006

1985年にルクセンブルクの村で署名され、その10年後に発効した、ヨーロッパにおける加盟国内での国境の行き来を自由化した協定は何でしょう？

問 007

域内の農産物価格を統一し、域外からの安い輸入品には輸入課徴金を課すという、EUが域内の農業を保護するために行っている政策は何でしょう？

Answer

答004

USMCA

解説

United States-Mexico-Canada Agreementの略であり、その名の通りアメリカ合衆国、メキシコ、カナダの3ヶ国が加盟しています。NAFTAとは1994年に発効した「北米自由貿易協定（North American Free Trade Agreement)」のことです。加盟国の間で関税を下げ、貿易を円滑に行うことを目的としたもので、これによりメキシコの北部国境地域にはマキラドーラという輸出加工区が設定されました。アメリカ企業が労働者の賃金が安いメキシコで生産をすることが増え、北部は雇用が増加して経済発展も進んだ一方、南部は発展から取り残され、メキシコ国内の経済格差も顕著になりました。USMCAに追加された規則には「自動車や自動車部品は75%を域内原産にすること」などがあり、域外生産の安い部品を使って生産コストを下げることへの歯止めをかける措置が取られていると言えます。

答005

マーストリヒト条約

解説

マーストリヒトはオランダの都市ですが、ベルギーと国境を接しており、ワッフルと自転車レースで有名なベルギーのリエージュまで25km、フランク王国の都と神聖ローマ皇帝の玉座があったドイツのアーヘンまで30kmと、まさに昔も今もヨーロッパの中心と言える場所にあります。欧州統合は経済統合→通貨・市場統合→政治統合の順に進み、この条約は通貨・市場統合と政治統合を定めたものです。ただ政治統合はこれで完結したわけではなく、2009年には欧州理事会常任議長の設置などを定めたリスボン条約が発効しました。リスボン条約の骨子となったEU憲法条約は、フランスとオランダの国民投票で反対多数になったことから廃案になっており、各国の欧州統合に対する意見は多分に異なっているのです。

答006

シェンゲン協定

解説

クイズでは、協定が結ばれた国によってマーストリヒト条約と区別することも多々あります。実際シェンゲンの場所を覚えておくとおもしろいでしょう。シェンゲンはルクセンブルクの南東の端にあり、域内にフランス、ドイツとの3ヶ国国境があります（モーゼル川の上にあるため直接は行けませんが）。国境地帯で条約・調印が結ばれた点でもマーストリヒト条約と似ています。
日本では栃木、群馬、埼玉の3県境がちょっとした観光スポットになっていますが、それはヨーロッパでも同じです。この北にあるドイツ、ベルギー、オランダの国境は陸地にあり、3国の旗が立った広場とかんたんなモニュメントがあります。このようにオタク趣味を刺激してくれる3国境に自由に行けるのも、シェンゲン協定のおかげです。

答007

共通農業政策

解説

輸入課徴金は関税とは違い、輸入品が価格競争によって域内産品を淘《とう》汰《た》しないように上乗せされる金額です。つまり輸入品がもともと域内価格より高額なら必要ありません。さらに、輸出する際には域内価格が国際価格より高く競争に太刀打ちできないことから、EUが生産者に補助金を払うことで輸出価格を下げています。
この政策の問題点は、補助金がEUの支出の約4割を占めるという巨大な財政負担となっていることや、世界的な貿易自由化に逆行しており域外からの反発が強いことなどがあります。

MEMO

07

文化・生活

問001

スリランカではシンハラ語とともに、シンガポールでは英語、中国語、マレー語とともに公用語となっている、インド南部で主に話される言語は何でしょう？

問002

インド国歌を作詞した詩人タゴールの母語でもあり、インド国内にも東部を中心に8500万人の話者がいる、バングラデシュの公用語は何でしょう？

問003

この言葉が話されている地域を「ルゾフォニア」と呼び、現在もモザンビークやブラジルで公用語となっている言語は何でしょう？

答001

タミル語

解説

インド南部にはタミル・ナードゥ州という州があり、タミル語が同地で重要な文化的背景となっていることがわかります。インド国内で話者の数は5番目なのですが、それでも8000万人以上の話者がおり、インドにおける諸言語の規模の大きさがうかがえます。
タミル語はドラヴィダ語族の言語であり、南インドおよびマレーシアをも含む環インド洋海域世界を中心に発展してきました。この点でも、ヒンディー語など北インドの言語とはまったく違う特徴を持ちます。そうして言語が分かれた原因には、西ガーツ山脈・東ガーツ山脈による海岸と内陸高原地帯での気候の相異や、ヒンドスタン平原での共通文化の形成などがあげられます。このように、インドは中国やアメリカ合衆国と並んで国内の気候や文化の差を抑える必要がある国のひとつです。
スリランカでは人口の8割を占めるシンハラ人に対してタミル人は1割しかおらず、首都をはじめ、島の中部・南部に住むシンハラ人と東部・北部に住むタミル人との摩擦が問題となっています。

インドとスリランカのタミル語地域

Answer

答002

ベンガル語

解説

タゴールはバングラデシュの国歌『わが黄金のベンガルよ』も作詞しています。また、インド国内のベンガル語話者はその名もズバリ、ウエストベンガル州に集中しています。パキスタンとバングラデシュは、インドの両隣にあり、イスラーム教徒が多数を占める国という共通点があるほか、パキスタンとインドにまたがるパンジャーブしかり、インド国内にも自国の民族集団・言語集団が多数居住していることでも似ています。
バングラデシュは1971年までパキスタンの一部でしたが、これだけ共通点が多いとその歴史の深さを感じますね。

答003

ポルトガル語

解説

ポルトガルは15世紀から16世紀前半にかけて覇権を握り、大航海時代を先駆けた国です。16世紀から19世紀にかけて植民地として開発されたブラジルはもちろん、そのころにポルトガルが大西洋交易の拠点とした北西アフリカの西沖合に位置するカーボベルデや、東アジア・南アジアへ向かう商船の寄港地としたアフリカ南部のモザンビーク、アンゴラでもポルトガル語は公用語になっています。ポルトガル語圏を指す「ルゾフォニア」の概念は新しいものですが、地理的近接性とは別の、言語集団が持つアイデンティティは現在でも強力と言えます。国名と話されている言語との対応は、国ごとよりも言語ごとに覚えてしまうと楽でしょう。

問004

アメリカ合衆国とカナダが該当する、主に英語が話されるアメリカ大陸の地域を、スペイン語・ポルトガル語が話される「ラテンアメリカ」に対して何というでしょう？

問005

標高5642mのエルブルース山が最高峰である、黒海とカスピ海の間を東西に走る山脈は何でしょう？

問006

国の人口の14%を占め、ワイタンギ条約の見直しにより権利の向上が進んでいる、ニュージーランドの先住民は何でしょう？

問007

中国南西部の山がちな地域に住み、チベット語に類似した言語を母語としていた、人口約1600万人で中国の少数民族としては最も多い民族は何でしょう？

答004

アングロアメリカ

解説

ラテンアメリカという単語のほうが我々になじみがあるのは、日本人が英語圏の単語を先に受容したことの表れでしょう。北アメリカはその表現により指す範囲が異なり、狭いほうから順にアングロアメリカ、北アメリカ大陸（メキシコ、グアテマラなどパナマ地峡以北を含む）、北中米カリブとなります。単に「北アメリカ」と言った時は北アメリカ大陸か北中米カリブのどちらかを指しますので、中米を含まない地域をいう際にはアングロアメリカという語が便利です。記述の際にも「アメリカ合衆国とカナダ」と書くより字数を節約できます。なお、カナダのケベック州がフランス語圏なのは有名な話ですが、ラテンアメリカにも英語を公用語とするガイアナ、オランダ語を公用語とするスリナムという国があります。ただ大陸レベルでの公的言語の種類は大きく2つに分かれている、くらいに思っておきましょう。

答005

コーカサス山脈

解説

クイズでは最高峰の標高でまとめて覚えることが多いこの山脈は、アジアとヨーロッパを分ける非常に重要な山脈です。自然地理の面では、エルブルース山はヨーロッパ最高峰であり、山頂部にはツンドラ気候が分布します。このため一見、南北の民族・政治は不連続なのではないかと思ってしまう傾向があります。実際、北麓はロシア、南側はコーカサス諸国と呼ばれるアゼルバイジャン、ジョージア、アルメニアの領土ですが、これらはすべて旧ソ連構成国だったこともあり多様な民族が居住し、さらに民族分布の境界が国境に一致しているとも言えません。たとえばオセット人はコーカサス山脈をまたがって分布し、これが第5章問14（P.153）で説明した南オセチアの独立問題を引き起こしています。

答006

マオリ

解説

そもそもニュージーランドに人が住み着いたのは、西暦8世紀ごろとても遅いです。その経路についてはチリから南太平洋を渡ってきたという説もありますが、やはりインドネシア経由という説が有力です。したがってマオリ語はオーストロネシア語族の言語です。ニュージーランドの国歌には英語版とマオリ語版があり、マオリ語版はこの諸島をマオリ語で表した『アオテアロア』という題名なのも興味深いですね。また、文中にあるワイタンギ条約は、1840年に締結され、ニュージーランドがイギリスの直轄植民地となることを定めた条約です。

ニュージーランドは、その緯度、面積、環太平洋造山帯の上に位置すること、最高峰の高さ、など、日本との類似性が高い国です。南島のクライストチャーチで大地震が起こったときに日本が多額の援助をしたことを覚えている方もいるでしょう。

答007

チワン族

解説

広東省の西隣に広西チワン族自治区があり、タワーカルストで有名な桂林《けいりん》市もここに位置します。自治区ではありますが地形的・文化的特徴は、周辺の雲南省、貴州省と、ミャンマー北部やベトナム北部山間部とあまり変わりません。たとえば農業で言えば中国のサトウキビ生産の6割を占めるなど、東南アジア的な風土が見られます。中国政府は55の少数民族を認めています。チワン族、ウイグル族、モンゴル族のほかにも苗《ミャオ》族や彝《イ》族などがありますが、漢族が人口の91%を占めています。

問008

イギリスの植民地だった歴史からインド系移民と先住民の間の経済格差が問題となっている、ラグビーの強豪としても知られるオセアニアの国はどこでしょう？

問009

本来は先住民族を指す普通名詞であるが、現在はもっぱらオーストラリアの先住民を指して使われる英単語は何でしょう？

問010

ヌナヴト準州では彼らの言語のうち2つが公用語に指定されている、カナダに居住する先住民族は何でしょう？

問011

仏教徒が多数派のミャンマーから、ムスリムが多数派のバングラデシュに逃れるも、不十分な衛生環境とサイクロンの危険から厳しい生活を送っている、ミャンマー西部に居住していたムスリム民族は何でしょう？

答008

フィジー

解説

フィジーは1874年にイギリスの植民地となり、サトウキビプランテーションの労働力として多数のインド人が連れてこられました。現在も彼らの子孫であるインド系住民は人口の4割ほどを占め、6割近くを占めるメラネシア・ポリネシア系住民に対して経済的に優位に立っています。しかし人口≒投票数が多いのはメラネシア・ポリネシア系であるため、政権交代も頻繁に起こり、両者の亀裂はなかなか埋まっていないようです。
国旗の左上（カントン）にイギリス国旗がある国は数多くありますが、その中でも植民地時代の爪痕が強く残っている国と言えるでしょう。

答009

アボリジニ（aborigine）

解説

アボリジニとマオリという単語はその由来が大きく異なります。マオリはマオリ語で、複数形も形容詞形もマオリ（Maori）ですが、アボリジニは複数形ならsがつき、形容詞ならaboriginalとなるれっきとした英単語なのです。
オーストラリアはニュージーランドとは異なり国土がとても広いほか、アフリカ北部のように中・低緯度地域を含む大陸であるため、中央に大きな砂漠（グレートサンディー砂漠）があります。したがって各地の沿岸部に住む先住民にとっては、部族間の連絡が難しかったと考えられ、彼らに対する統一的な現地語の固有名詞ができなかったのもうなずけます。マオリは国の人口の14%を占め、白人の次に多数ですが、アボリジニはオーストラリアの人口の2.5%しか占めておらず、アジア系（19世紀後半以降、金鉱を求めて流入した移民の子孫など）よりも少ないことにも注意が必要です。

答010

イヌイット

解説

イヌイット語のひとつ、イヌクティトゥット語の文字は記号や三角形が多用され、独特な見た目をしています。カナダでは国民の9割がアメリカ国境から100マイル（160km）以内に住んでいるというのはよく語られるトリビアなのですが、では、残りの人口はどこにいるかというと、ウィニペグなど南部内陸の主要都市か、北部の準州にいるのです。準州（territory）はどれも数万の人口しかおらず、タイガとツンドラが広がり、先住民族の割合も南部より高いです。それが反映されているのがイヌイット語の公用語指定なのです。

答011

ロヒンギャ

解説

ロヒンギャとは、もともとミャンマーのラカイン州を中心に住む民族であり、ミャンマー政府からの迫害を逃れてやむをえず国境を渡った人々をロヒンギャ難民と言います。彼らは南部の大都市・チッタゴン周辺に住んでいますが、バングラデシュ政府がロヒンギャをミャンマー国民と認めているため十分な庇《ひ》護《ご》を受けられていません。それに加えて、近年の海面上昇と異常気象の増加でロヒンギャの居住地は洪水の危機にさらされています。これは多面的な難民問題のほんの一例であり、政治・宗教に関する思惑と植民地統治の影響、地形条件と自然環境の変化など、地理で学ぶ事項が複雑に絡んでいることがわかるでしょう。

問012

ギリシャ語の「種を分散する」という意味から、移民を広く指し示す言葉で、特にもともと住んでいた場所から離散したアルメニア人やユダヤ人のコミュニティを指して使われてきたのは何でしょう？

問013

24年にわたる在任期間中にイラン・イラク戦争や湾岸戦争を戦い、最期はアメリカ軍に捕らえられて処刑された、イラクの元大統領は誰でしょう？

問014

長野県安曇野《あずみの》市が全国一の生産量を誇る、お寿司につけて食べることでおなじみの山菜は何でしょう？

問015

アラビカ種、ロブスタ種、リベリカ種が「三大原種」と称される、エチオピア高原の地名が語源とされる有名な飲み物は何でしょう？

答012

ディアスポラ

解説

ロシアには、サハ共和国の南に同国唯一の自治州であるユダヤ自治州があります。このようにユダヤ人はヨーロッパのみならず各地に離散しているのですが、特にヨーロッパで活躍した人々が有名です。諸々の学問分野で目にするCohen（コーエン）という人名は、ヘブライ語で「祭司」という意味があるなど身近なところにディアスポラの影響が見られます。
たとえば、ドイツ語圏に移住した人をアシュケナージ、スペイン語・ポルトガル語圏に移住した人をセファルディムと言い、この２つが現在のユダヤ人の主流をなしています。それぞれイディッシュ語とラディーノ語という、現地言語とヘブライ語が融合した言語を話すのも興味深い点です。

答013

サダム・フセイン

解説

世界史の問題では？と思ったかもしれません。ＥＵ関連の問題で示したように、現代史は地理でも大事です。ここでは彼の「地盤」について語っていきます。サダム・フセインの本名はサッダーム・フセイン・アブドゥル・マジード・アッ＝ティクリーティーと言いますが、この「アッ＝ティクリーティー」とは「ティクリート出身の」というアラビア語独特の命名方式です。ティクリートは、首都のバグダード、西部のラマーディー（バグダード以外は覚えなくてよい）とともに「スンニー＝トライアングル」の一角をなします。この地域は、シーア派がわずかに過半数となっているイラクにおいてスンナ派の住民が多く、フセイン政権の支持基盤となりました。シーア派と言えばイランですが、イラクやアゼルバイジャンにも無視できないほど分布しているのです。

答014

わさび

解説

わさびの栽培にはきれいな水が必要だということはみなさんもご存じだと思います。安曇野市のわさび畑は扇状地の扇端に位置し、北アルプスの東側を流れ下ったのち、伏流した河川が再び地上に出てくる湧水が数多く見られます。湧水の温度は外気温に依存しないため、わさび栽培に適しています。このほか、安曇野市は中央高地にあるため、夏でも涼しい気候を保つことも、わさび栽培が盛んな理由のひとつとなっています。

扇状地の扇端では、水を得やすく水はけが悪いことから、一般に集落と水田が立地します。有名な扇状地には滋賀県高島《たかしま》市マキノ町や岐阜県養老町《ようろうちょう》のものがあり、いずれも扇端の集落に沿うようにして鉄道が走っています。なお、扇状地を扇に見立てると、その要に当たる部分は「扇頂」で、骨が広がった先の部分が「扇端」です。混同しやすいので注意しましょう。

答015

コーヒー

解説

情報を小出しにして出題してみました。原産地はアラビカ種がエチオピア高原、ロブスタ種がコンゴ盆地、リベリカ種がリベリアであり、いずれもアフリカの低緯度地域にあります。このうち「コーヒー」の語源となったのはエチオピアのカッファ地方というところです。コーヒーは水はけが良く収穫期に乾燥する環境を好みます。サバナ気候の高原はこの条件にぴったり合い、ブラジル高原ではテラローシャという玄武岩が風化した間帯土壌の上に栽培されます。このほかベトナムでも、フランス人が入植して以降、内陸部の高原地帯でプランテーション栽培が広がりました。コーヒーの産地といえばブラジルやコロンビアというイメージがありそうですが、生産量2位のベトナムは、1位のブラジルにダブルスコアをつけられるも、3位のコロンビアにダブルスコアをつけているほどのコーヒー生産大国です。

問016

日本では広島県の三次《みよし》や長野県の塩尻《しおじり》が産地として有名な、地中海性気候との親和性が高いお酒は何でしょう？

問017

さまざまな部位の肉を黒インゲン豆とともに煮込んでつくる、ブラジルの国民食であるシチューは何でしょう？

問018

ラマダーンでは断食の直後に蜂蜜とともに食され、中東の食文化の根幹となっている、乾燥したナツメヤシの実を何というでしょう？

問019

日本に「川《せん》府《ふ》」というチェーン店もあり、担々麺や麻婆豆腐などの辛い料理で知られる中国四大料理の一つは何でしょう？

Answer

答016

ワイン

解説

三次市と塩尻市は盆地に位置し、昼夜の寒暖差（日較差）が大きいことからブドウ栽培に適しています。また、瀬戸内・中央高地ともに南北を山に囲われており、夏も冬も降水量が多くなりすぎないことが地中海と似た気候条件を作り出しています。

ヨーロッパではイタリア、フランスはもちろんのこと、ドイツのバイエルン州では北部でもワインが生産されています。さらにコーカサスの国ジョージアも有名で、世界最古のワイン産地とされています。これを知っているとコーカサス東部や中央アジアに地中海性気候が入り込んでいることも理解できるでしょう。

このように、ブドウは地中海式農業の生産物の中でも比較的北まで栽培可能で、北限は南から順にオレンジ→オリーブ→ブドウです。

答017

フェジョアーダ

解説

フェジョアーダはポルトガル語圏に共通して見られる食文化のひとつですが、ブラジルのものが最も有名になっています。フェジョアーダに使われるのは大豆ではありませんが、世界の大豆生産量の8割をアメリカ合衆国、ブラジル、アルゼンチンが占めるなど、カンポセラードが分布するブラジル高原は大豆生産に非常に適しています。また、「肉」も畜産大国ブラジルの条件を反映しています。使われるのは主に豚肉、たまに牛肉だそうです。ブラジルは実は世界第4位の豚肉の生産・輸出国で、そのうち3分の2がパラナ州以南（国土の南に突き出るように見える範囲）で生産されています。サンパウロとリオデジャネイロという大消費地に近く、広大な牧草地を必要としないというメリットがあるためです。南米の養畜と言えば牛か羊というイメージがあるかもしれませんが、その多様性が垣間見えます。

答018

デーツ

解説

受験地理で覚えておきたいヤシには油やし、ココヤシ、ナツメヤシがあります。油やしはマレーシアやインドネシアに植えられ、パーム油が採れます。パーム油は石けんや食用油に利用されます。油やしのプランテーションを造成するにあたり熱帯雨林を切り倒す（皆伐《かいばつ》）必要があるので、光合成量や緑被率自体は変わらないとしても、生物多様性を損ない動物の生息地を奪うという問題があります。ココヤシはその実がココナッツとして食用・飲用となることで有名ですが、胚乳《はいにゅう》を乾燥させたコプラというものからココナッツ油を搾り取ることもできます。デーツはナツメヤシの実が日光により樹上で乾燥したもので、長さは4cmほど、ときどきしゃぶしゃぶに入れられるナツメと形も大きさも似ています。現在のように食生活が西洋化する前には北アフリカの一部で主食でもあったようです。

答019

四川料理

解説

中国四大料理の理解は、中国の地形と気候を把握するのに非常に有用です（クイズにも頻繁に出ます）。北京と上海の料理を比較すると、小麦食か米食か、また一応、内陸の都市か港湾都市かの違いがわかります。また、四川料理は夏に高温多湿になる盆地で発達したことから、湿気を発散するために発汗を促す辛い料理が人気を集めました。四大料理のうちもう一つは広東料理で、これはあっさりした味わいが特徴であるほか、フカヒレや燕《つばめ》の巣という高級食材でも有名です。

参考文献一覧

◎地理の教科書、参考書、問題集

- 片平博文、矢ヶ崎典隆、内藤正典ほか著『新詳地理B』（帝国書院、2021年）
- 山本正三ほか著『新編 詳解地理B 改訂版』（二宮書店、2021年）
- 帝国書院編集部『新詳地理資料　COMPLETE2021』（帝国書院、2021年）
- 鈴木啓之、荒井良雄、藤井正ほか著『新詳高等地図』（帝国書院、2019年）
- 二宮書店編集部編『データブック オブ・ザ・ワールド 2023年版』（二宮書店、2023年）
- 井上征造、榎本康司、遠藤良二ほか著『地理用語集 A・B共用』（山川出版社、2014年）
- 伊藤彰芳、坂本勉、佐藤裕治ほか著『納得できる地理論述』（河合出版、2009年）
- 年代雅夫著『東大の地理27ヵ年』（教学社、2018年）

◎そのほか教科書、資料集、受験参考書

- 木村靖二、岸本美緒、小松久男監修『山川 詳説世界史図録（第2版）』（山川出版社、2017年）

◎論文、短稿

- 蟻川明男「アフリカ南部の地名とバンツー語への改称」（『月刊地理』、65（12）、古今書院、2020年12月号）
- 山本つかさ「駒場中東セミナー開催報告：『「アレッポ人」と「ダマスカス人」のアルゼンチン：セファラディ系ユダヤ人の移住と遺産』宇田川彩」（『UTCMESニューズレターVOL.19』、東京大学大学院総合文化研究科グローバル地域研究機構中東地域研究センター、2021年9月）
- 江口潜「NIMBY問題についての再考察：簡単なゲーム理論的分析」（日本地域学会第55回年次大会口頭発表要旨、2018年）
- 大澤由佳「標高7mを歩く－谷根千編」（『月刊地理』、65（2）、古今書院、2020年2月号）
- 小田部廣男「リン資源の現在と未来」（『石膏と石灰』210、石膏石灰学会、1987年）
- 加三千宣「別府湾の海底堆積物に記録された人新世境界」（『Ocean Newsletter』、第546号、笹川平和財団 海洋政策研究所、2023年5月5日）
- 鍬塚賢太郎「デリー首都圏におけるコールセンター立地と地域的インパクト」（『日本地理学会発表要旨集：2004年度日本地理学会春季学術大会』）
- 綾野里咲「駒場中東セミナー開催報告：『オマーンの考古遺産 文化の長期持続性と変容』近藤康久」（『UTCMESニューズレターVOL.22』、東京大学大学院総合文化研究科グローバル地域研究機構中東地域研究センター、2023年3月）
- 曽根原健悟「アラビア海の風に乗って」（『UTCMESニューズレターVOL.22』、東京大学大学院総合文化研究科グローバル地域研究機構中東地域研究センター、2023年3月）
- 高橋俊樹　「新NAFTA（USMCA）をどう使いこなすか」『季刊国際貿易と投資』、31（3）、　国際貿易投資研究所、2019年12月）
- 竹内宏「異文化との共生の可能性を考える－日独の外国人事情を比較して」（『鹿児島大学教育学部研究紀要－人文・社会科学編』第50巻、鹿児島大学教育学部、1998年）
- 陳光燕、司偉「広西チワン族自治区における甘しゃ糖産業の発展および中国砂糖産業に対する政策変更に関する提言」（『砂糖類・でん粉情報』第61号、農畜産業振興機構調査情報部、2017年10月）
- 二ツ山達朗「イスラームにおける樹木をめぐる信仰の再考察―チュニジアにおけるオリーブの事例から」（『イスラーム世界研究』第6巻、京都大学大学院アジア・アフリカ地域研究研究科附属イスラーム地域研究センター、2013 年3月）
- 政春尋志「地図投影法に関するいくつかの問題」（URL：https://www.jstage.jst.go.jp/article/jjca1963/39/Supplement/39_Supplement_34/_pdf、2001年）

・松村博「大井川徒渉制を中心とする近世・東海道の渡河形態について」(『土木史研究』第14号、土木学会、1994年)
・森明子「外国人労働者の定住化—ベルリンにおける世代交代の事例から」(『国立民族学博物館調査報告』第83号、国立民族学博物館、2009年)
・山内昌和、西岡八郎、江崎雄治ほか「沖縄県の合計出生率はなぜ本土よりも高いのか」(『地理学評論』、93(2)、日本地理学会、2020年3月)
・Griffin, E. "Testing the Von Thunen Theory in Uruguay", (『Geographical Review』,Vol. 63, No. 4 , American Geographical Society of New York ,Oct., 1973)

◎一般書籍

・五十嵐泰正、開沼博責任編集『常磐線中心主義–ジョーバンセントリズム』(河出書房新社、2015年)
・男鹿半島・大潟ジオパーク推進協議会『男鹿半島・大潟ジオパーク　ジオサイト観察手引書』(男鹿半島・大潟ジオパーク推進協議会、2019年)
・谷口吉光著『八郎潟はなぜ干拓されたのか(八郎潟・八郎湖学叢書②)』(秋田魁新報社、2022年)
・林上著『ゲートウェイの地理学』(風媒社、2020年)
・ベネディクト・アンダーソン著『想像の共同体 ナショナリズムの起源と流行』(白石さや、白石隆訳、NTT出版、1997年)
・イブン＝ハルドゥーン著『歴史序説　(一)』(森本公誠訳、岩波書店、2001年)
・ファハド国王マディーナ・クルアーン印刷コンプレックス著「聖クルアーン：日亜対訳注解」(サイード佐藤訳、ファハド国王マディーナ・クルアーン印刷コンプレックス、2019年)

◎画像提供

第3章
・問5(P40)　伊豆半島・一碧湖
URL: https://commons.wikimedia.org/wiki/File:Yoshida,_Ito,_Shizuoka_Prefecture_414-0051,_Japan_-_panoramio.jpg?uselang=ja
・男鹿半島・二ノ目潟
URL:https://commons.wikimedia.org/wiki/File:Ninomegata_in_Oga_City_20200118.jpg?uselang=ja
・問10(P45)
URL:https://commons.wikimedia.org/wiki/File:Panoramica_del_rio_orinoco_en_amazonas.JPG?uselang=ja
・問21(P60)
URL：https://commons.wikimedia.org/wiki/File:Nijinomatsubara.jpg?uselang=ja

第4章
・問41(P126)
URL：https://commons.wikimedia.org/wiki/File:Niigata_East_Port_2019.jpg?uselang=ja

芝田和樹（しばたかずき）

2003年岐阜県生まれ。愛知県犬山市で幼少期を過ごし、2013年から３年間ベトナム・ホーチミン市に居住。2019年、筑波大学附属高等学校に入学し、クイズ研究部に入部。２年時には「東大王」と「ネプリーグ」のそれぞれ高校生大会に出演。また、高校時代に科学地理オリンピック日本選手権で２度銀メダルを獲得。2022年、東京大学文科一類に現役合格。大学ではクイズ研究会と地理部に在籍。2023年２月からクイズバースアールにて勤務開始。2023年10月より、東京大学人文地理学教室に在籍。

東大式《とうだいしき》！クイズでわかる地《ち》理《り》

2024年2月9日　初版第1刷発行

著　者　　芝田和樹
発行者　　岩野裕一

発行所　　株式会社実業之日本社
〒107-0062
東京都港区南青山6-6-22　emergence 2
電話　（編集）03-6809-0473
　　　（販売）03-6809-0495
https://www.j-n.co.jp/

印刷・製本　三松堂株式会社

装丁・デザイン　北風総貴（ヤング荘）
イラスト　あんのようすけ（ヤング荘）
校　正　ヴェリタ
プロデュース　株式会社スアール
編集協力　佐野千恵美
編　集　白戸翔（ニューコンテクスト）

ISBN978-4-408-65069-2（第二書籍）